MELANCHTHONPREIS
Beiträge zur ersten Verleihung 1988

MELANCHTHON-SCHRIFTEN DER STADT BRETTEN

Herausgegeben
von Günter Frank und
Johanna Loehr

Band 1

frommann-holzboog

MELANCHTHONPREIS

Beiträge zur ersten Verleihung 1988

Herausgegeben
von Stefan Rhein

Stuttgart-Bad Cannstatt 2021

Bildnachweis: Emil Ludin (2), Gerd Markowetz (3),
Ralf Schnellbach (1), Werner Vollmer (1)

Bibliografische Information Der Deutschen Nationalbibliothek

Die Deutsche Nationalbibliothek verzeichnet diese Publikation
in der Deutschen Nationalbibliografie;
detaillierte bibliografische Daten sind im Internet
über http://dnb.dnb.de abrufbar

ISBN 973-3-7728-2245-2

© frommann-holzboog Verlag e.K. · Eckhart Holzboog
Stuttgart-Bad Cannstatt 2021
Originalausgabe Jan Thorbecke Verlag, Sigmaringen 1988
www.frommann-holzboog.de
Gesamtherstellung: BoD, Norderstedt
Gedruckt auf säurefreiem und alterungsbeständigem Papier

Inhalt

Zum Geleit	7
Satzung über die Stiftung und Verleihung des »Melanchthonpreises der Stadt Bretten«	9
Melanchthonpreis der Stadt Bretten 1988. Veranstaltungskalender	11
Paul Metzger Begrüßung	13
Walter Priebe Grußwort	17
Konrad von Rabenau Grußwort	19
Bernd Moeller Grußwort	21
Heinz Scheible Laudatio	25
Siegfried Wiedenhofer Das Alte und das Neue. Tradition zwischen Humanismus und Reformation	29
Podiumsdiskussion: »Melanchthon – noch aktuell?«	47
Emil Ludin Melanchthon-Medaille der Stadt Bretten 1988	59
Stefan Rhein Reuchlin, Melanchthon und die Theologie	61
Heinz Scheible Melanchthons Auseinandersetzung mit dem Reformkatholizismus	71
Eckehard Uhlig Melanchthon und Bretten – eine Spurensuche	89
Peter Neumayer Melanchthon im Wandel der Zeiten. Ausstellung von Schülerarbeiten	101

Zum Geleit

Die Stadt Bretten hat mit der Stiftung des 1988 erstmals verliehenen Melanchthonpreises ein kulturpolitisches Zeichen gesetzt: Es gilt, sich in der Beschäftigung mit Melanchthons Lebenswerk der geistigen Grundlagen der Neuzeit zu vergewissern.

Die Bedeutsamkeit des Melanchthonpreises dokumentiert sich auch darin, daß mit der Publikation der Grußworte, der Vorträge und der Diskussion, die zu diesem Anlaß im Rahmen der Brettener Kulturwoche stattfanden, eine neue Schriftenreihe begonnen werden kann.

Die »Melanchthon-Schriften der Stadt Bretten« wollen ein Forum wissenschaftlicher und öffentlicher Diskussionen über Melanchthon und seine Zeit sein. Die beiden geistigen Hauptströmungen der frühen Neuzeit, Humanismus und Reformation, hat Melanchthon in der Synthese eines christlichen Humanismus zusammengeführt. Der Weite des Denkens und Wirkens Melanchthons soll eine thematische Vielfalt der Brettener Melanchthon-Schriften entsprechen.

Ich danke dem Gemeinderat der Stadt Bretten für die einhellige Zustimmung zur Herausgabe der Melanchthon-Schriften. Mein besonderer Dank gilt dem Leiter der Melanchthon-Forschungsstelle Heidelberg, Dr. H. Scheible, und dem – von der Stadt neu berufenen – Kustos des Melanchthonhauses Bretten, Dr. St. Rhein, daß sie die Betreuung der neuen Schriftenreihe übernommen haben. Wir hoffen, durch die Melanchthon-Schriften einen lebendigen Beitrag zur Auseinandersetzung mit Melanchthon, dem größten Sohn der Stadt Bretten, zu leisten.

Paul Metzger
Oberbürgermeister

Satzung
über die Stiftung und Verleihung des
»Melanchthonpreises der Stadt Bretten«

Aufgrund von § 4 der Gemeindeordnung von Baden-Württemberg in der Fassung vom 3. Oktober 1983 (GBl. S. 577, 720), geändert durch Gesetze vom 23. Juli 1984 (GBl. S. 474) und vom 17. Dezember 1984 (GBl. S. 675) hat der Gemeinderat am 15. Dezember 1986 die folgende Satzung beschlossen:

§ 1
Im Bewußtsein der Verantwortung für das geistige Erbe ihres großen Sohnes stiftet die Große Kreisstadt Bretten den »Melanchthonpreis der Stadt Bretten«.

§ 2
Preiswürdig ist ein im Druck erschienenes Werk, das in hervorragender Weise dazu beiträgt, die Kenntnis über Melanchthons Leben und Werk oder die geistesgeschichtlichen Voraussetzungen, das Umfeld und die Folgen seines Wirkens zu vertiefen.

§ 3
Der Preis ist mit 15000.– DM dotiert und wird alle drei Jahre, erstmals im Jahre 1988, verliehen.
Der feierliche Akt, bei dem der Preisträger eine Rede über ein Thema aus seinem wissenschaftlichen Arbeitsgebiet hält, findet in der Regel um die Zeit von Melanchthons Geburtstag (16. Februar) in Bretten statt.

§ 4
Über die Zuerkennung des Preises entscheidet der Gemeinderat mindestens einen Monat vor der Preisverleihung.
Entscheidungsgrundlage sind ausführlich begründete Vorschläge, die der Verein für Reformationsgeschichte e.V. nach Abstimmung mit dem Melanchthonverein Bretten und der Melanchthon-Forschungsstelle bei der Heidelberger Akademie der Wissenschaften mindestens drei Monate vor dem Verleihungstermin unterbreitet.

§ 5
Die Begründung der Preisverleihung wird in dem öffentlichen Festakt als »Laudatio« verlesen und danach mit der Festrede des Preisträgers als Broschüre gedruckt.

Bretten, den 15. Dezember 1986

Paul Metzger
Oberbürgermeister

Melanchthonpreis der Stadt Bretten 1988

Veranstaltungskalender

Donnerstag, 25. Februar
18.00 Uhr, Sparkasse
    Ausstellungseröffnung: Philipp Melanchthon – selten gezeigte Schätze des Melanchthonhauses

Freitag, 26. Februar
18.00 Uhr, Melanchthon-Gymnasium
    Ausstellungseröffnung: Schülerarbeiten – Melanchthon im Wandel der Zeiten

19.30 Uhr, Büchereikeller
    Ausstellungseröffnung: Philipp Melanchthon – Bildnisse im Wandel der Zeit

Samstag, 27. Februar
19.30 Uhr, Stiftskirche
    Festliches Eröffnungskonzert

Sonntag, 28. Februar
11.00 Uhr, Rathaus
    Ausstellungseröffnung: Reuchlin – Pforzheimer Humanist und Onkel Melanchthons

17.00 Uhr, Kreuzkirche
    Ökumenischer Gottesdienst – Festpredigt: Prälat Martin Achtnich, Ettlingen

19.30 Uhr, Melanchthonhaus
    Philipp Melanchthon – Praeceptor Germaniae. Eine Szenenfolge von Jürgen Wolfram mit Musik der Zeit – Badische Landesbühne und »Löffelstielzchen«

Dienstag, 1. März
19.30 Uhr, Melanchthonhaus
    »Melanchthons Auseinandersetzung mit dem Reformkatholizismus«. Vortrag von Dr. Heinz Scheible, Melanchthon-Forschungsstelle, Heidelberg

Mittwoch, 2. März
19.30 Uhr, Rathaussaal
»Wittenberg und das Wittenberger Melanchthonmuseum«. Vortrag mit Dias von Renate Mehrwald, Dipl.-Bibliothekarin, Bruchsal

Donnerstag, 3. März
19.30 Uhr, Melanchthonhaus
Musik aus der Zeit Melanchthons. Jugendmusikschule Bretten, Leitung: Ernst Daubenberger, Hans-Ulrich Lang, Inge Herbster

Freitag, 4. März
20.00 Uhr, Melanchthonhaus
Mittelalterlicher Abend mit Musik, Gesang und Tänzen – mit der Kölner Gruppe »Ludus venti«

Samstag, 5. März
10.00 Uhr, Marktplatz
Alte Musik auf dem Marktplatz – »Humpenflug«

11.00 Uhr, Melanchthonhaus
Festakt: Verleihung des Melanchthonpreises der Stadt Bretten an Prof. Dr. theol. Siegfried Wiedenhofer

16.00 Uhr, Rathaussaal
»Melanchthon – noch aktuell?« Podiumsdiskussion

Begrüßung

Oberbürgermeister Paul Metzger

»Nicht Türme oder Mauern
sind so feste Bollwerke
für die Städte wie eine Bürgerschaft, die Bildung,
Einsicht und andere Tugenden besitzt.«

Diese Worte sind wie vieles andere, das Philipp Melanchthon dachte und sagte, auch heute noch aktuell.

Meine sehr geehrten Damen und Herren, hohe Festversammlung,
der 5. März 1988 ist ein auch weit über die Grenzen unserer Stadt beachteter, großer Tag für die mit 24 000 Einwohnern kleine und doch Große Kreisstadt Bretten im südlichen Kraichgau. Erstmals darf ich heute den 1986 vom Gemeinderat unserer Stadt gestifteten Melanchthon-Preis für eine bedeutende wissenschaftliche Arbeit an einen herausragenden Wissenschaftler, den katholischen Theologen Prof. Dr. Siegfried Wiedenhofer, verleihen. Zu diesem Festakt in der Gedächtnishalle des Brettener Melanchthonhauses, das 1897 bis 1903 an der Stelle errichtet wurde, an der das Geburtshaus von Philipp Schwarzerd stand, begrüße ich Sie alle sehr herzlich. Ich freue mich, daß so viele Persönlichkeiten aus Wissenschaft, Kirche, Politik, aus der Wirtschaft, den Behörden, Institutionen und unseren Brettener Schulen heute an dieser erstmaligen Melanchthon-Preisverleihung teilnehmen. Seien Sie alle herzlich begrüßt.

Ganz besonders und mit großer Freude begrüße ich den Professor für systematische Theologie am Fachbereich Katholische Theologie der Goethe-Universität Frankfurt/Main, den ich heute als ersten Melanchthon-Preisträger ehren darf. Ich heiße Sie, sehr geehrter Herr Prof. Dr. Siegfried Wiedenhofer, zusammen mit Ihrer lieben Frau und Ihren Kindern in der Vaterstadt Philipp Melanchthons auch im Namen des Gemeinderates unserer Stadt herzlich willkommen.

Das Wirken Melanchthons gehört zu den maßgebenden Voraussetzungen unseres neuzeitlichen Denkens. Selten hat die Lebensleistung eines einzelnen Gelehrten so eingreifend und bleibend in die deutsche und europäische Geistesgeschichte eingewirkt wie das weitgespannte Gesamtwerk dieses großen Humanisten und Reformators. Er sah seinen pädagogischen Auftrag in der humanistischen Tradition der Vorbildlichkeit antiker Literatur und Sittengesetze, doch orientierte er sein Handeln letztendlich an der Zuversicht, daß die Heilswahrheiten in der Bibel und bei den Kirchenvätern zu finden seien. Schon zu seinen Lebzeiten wurde dem größten Sohn

Brettens der Titel »Praeceptor Germaniae« beigelegt. Mit dieser Ehrenbezeichnung wurde vor allem sein Wirken als Pädagoge gewürdigt. Melanchthon konzipierte nicht nur eine umfassende Schul- und Universitätsreform, sondern hatte auch das organisatorische Geschick, die Reformen auf Dauer Wirklichkeit werden zu lassen. Über profunde Kenntnis in allen Wissensgebieten verfügend, verfaßte Melanchthon Lehrbücher über die verschiedensten Themen: von den alten Sprachen über die Physik bis zur medizinischen Anthropologie, Lehrbücher, die sich durch eine bis dahin unerreichte Klarheit auszeichneten und teilweise bis ins 18. Jahrhundert hinein in Gebrauch blieben. Melanchthons Anteil an der reformatorischen Theologie kann kaum überschätzt werden. Aus Luthers revolutionierenden Glaubenseinsichten wäre ohne Melanchthons systematisches und formales Können keine gesamteuropäische Bewegung hervorgegangen.

Diese Leistungen, sein großes Lebenswerk, schuf Melanchthon jedoch ausschließlich außerhalb von Bretten. War es also sinnvoll, daß die Stadt Bretten den Melanchthon-Preis gestiftet hat?

Philipp Melanchthon hat bis 1508 in unserer Stadt nur wenige Jahre seiner Kindheit verbracht. Sein schier unermeßliches literarisches Werk ist überwiegend in Wittenberg entstanden, wo er an der kursächsischen Universität als Griechischprofessor lehrte. Seine zentrale Bedeutung für die evangelische Sache stellte der Reformator auf den Reichstagen in Speyer und vor allem Augsburg, bei Religionsgesprächen in Leipzig, Marburg oder Regensburg immer wieder unter Beweis; er war in Fragen der Schul- und Universitätsreform ein begehrter Berater in den Metropolen des Reichs, zum Beispiel in Nürnberg, wo er die Lateinschule einrichtete und viele Freunde besaß. Man könnte also tatsächlich fragen: Was haben wir hier in Bretten mit all dieser humanistischen und theologischen Gelehrsamkeit zu tun?

Melanchthon selbst belehrt uns da eines Besseren. Immer wieder rühmt er vor seinen Studenten den Trost, die Ruhe, die Kraft, welche er in der Erinnerung an die alte Heimat findet. In seiner Rede über »Gesetz und Ordnung« (De legibus) heißt es: »Ich ruhe mich, sooft ich dem ermüdeten Geist Erfrischung und Erholung gönne, in keinem Gegenstand lieber aus, als in der Erinnerung an die Heimat... Ich sehe mich dann durch die Felder und Gärten streifen und zum Bachlauf hinuntergehen. Hier betrachte ich schweigend den Reichtum der Natur, den Fleiß meiner Ackerbürger, ich bewundere die Klugheit der Vorfahren, die die Äcker und die Stadt selbst so fleißig geschmückt und befestigt haben...« Melanchthon liebte seine Heimatstadt, und seine Brettener lieben und verehren ihn. Bekanntlich werden die Menschen von der Landschaft geprägt, in der sie aufgewachsen sind. Melanchthon, der kraichgauer Humanist, war wie viele aus dieser lieblichen Landschaft immer ein fleißiger, auf Ausgleich bedachter Mensch. Er wollte keine Kirchenspaltung. Kaiser und protestantische Fürsten waren 1530 nicht ohne Hoffnungen auf eine Einigung im Religionszwist zum Reichstag nach Augsburg gekommen. Beide Parteien schienen auf einen versöhnlichen Ton gestimmt. Wie kein anderer wünschte Philipp Melanchthon, der maßgebliche theologische Berater der evangelischen Seite, die kirchliche Concordia. Als die von ihm verfaßte Confessio Augustana, das gemeinsame Glaubensdokument der Mehrheit der evangelischen Reichsstände, am 25. Juni im Kapitelsaal der bischöflichen Residenz dem Kaiser übergeben und verlesen wurde – sie war später von 1555 bis 1803 Reichsrecht –, weinte Melanchthon zusammen mit Freunden vor innerer Erregung in einer benachbarten Herberge, denn er durfte – selbst als Verfasser der Confessio – aus protokollarischen Gründen der feierlichen Handlung nicht beiwohnen. Wie sehr Melanchthon auf Ausgleich setzte – oft begleitet vom Argwohn der eigenen Anhänger –, macht ein Schreiben deutlich, das er nur wenige Tage später, mitten in den Verhandlungen um tragfähige Kompromißformeln, an Kardinal Lorenzo Campeggio sendete: »Da ich Euer Weisheit eigene Abneigung gegen gewaltsame Beschlüsse kenne, glaube ich Euch schreiben zu müssen, damit Ihr erkennet, daß wir einzig nach Frieden und Eintracht streben und keine irgendwie erträgliche Bedingung zurückweisen, wenn sie dem Frieden dient. Wir haben kein von der Römischen Kirche unterschiedenes Dogma. Daß wir gegen viele aufgetreten sind, weil sie versucht haben, schädliche Lehren auszustreuen, dafür gibt es öffentliche Zeugnisse... Es gibt nur einen leichten Unterschied in den Riten, welcher der Eintracht entgegensteht.« Zu welch weitreichenden Zugeständnissen war Melanchthon in diesem welthistorischen Augenblick bereit!

Es macht also Sinn, das Lebenswerk Melanchthons noch weiter wissenschaftlich zu durchleuchten. Es war deshalb gut, daß der Gemeinderat von Bretten den Melanchthon-Preis gestiftet hat, ein Beschluß, der mich in meinem Amt als Oberbürgermeister besonders gefreut hat. Und ich denke, es ist vernünftig, wenn wir diese Preisverleihung zum Anlaß nehmen, darüber nachzudenken, wie wir zusätzliche Impulse geben können, beispielsweise jährliche wissenschaftliche Diskussionen in Bretten zu veranstalten, nicht nur im Gedenken an unseren großen Sohn, sondern um aus dem Lebenswerk von Philipp Melanchthon auch heute noch zu lernen.

Grußwort

Dr. WALTER PRIEBE
stellvertretender Vorsitzender des Melanchthonvereins Bretten

Geehrte Festversammlung,
als dieses Haus vor 85 Jahren unter großherzoglichem Patronat eingeweiht wurde, bewegte die Initiatoren mehr als nur feierliche Hochstimmung über die glückliche Vollendung eines derartigen Bauwerks: Die Festesfreude manifestierte sich über diesen Tag hinaus zu dem Anspruch an Zeitgenossen und Nachkommen, daß das Leitwort an der Nordfassade in die Tat umzusetzen sei: »Melanchthon zum Gedächtnis«.

Man muß kein Wort darüber verlieren, daß und warum dieser Gedächtnisauftrag zu Zeiten Schaden genommen hat oder auf nur geringe Resonanz gestoßen ist. Das ist schon schlimm genug, aber viel schlimmer wäre es gewesen, wenn dieses Haus mit seinen Schätzen untergegangen wäre. Angesichts der unermeßlichen Verluste, die Europa, die Deutschland hinzunehmen hatten, darf es als ein erneut verpflichtendes Geschenk angesehen werden, daß wir in einem unversehrt gebliebenen Haus mit seinen vollständig erhaltenen Kostbarkeiten zusammentreten dürfen.

Namens des Melanchthonvereins als dem Eigentümer dieses Museums heiße ich Sie an einem Orte willkommen, der wohl wie kein anderer geeignet, ja prädestiniert ist, moderne Melanchthonforschung zu würdigen. Dies geschieht zu einer Zeit, da Geschichtsinteresse allenthalben spürbar ist. Um eine solche Behauptung zu belegen, bedarf es nicht des Hinweises auf so spektakuläre Ereignisse wie die Stuttgarter Staufer-Ausstellung; stillere, unserem Sujet näherliegende Präsentationen wie die Palatina- und Renaissance-Ausstellungen in Heidelberg mit ihrer erstaunlichen Resonanz sind beredter Beleg für geschichtsorientiertes Kulturbedürfnis. Die Stadt Bretten hat – wie ich meine – zur rechten Zeit ein ihren Kräften gemäßes Bemühen ins Werk gesetzt, um das Bewußtsein der Menschen für ihre Verwurzelung in der Vergangenheit zu wecken und zu stärken. Das, was nottut – und worin ich die Sinngebung des gestifteten Preises sehe –, ist die neohumanistische Zielsetzung, an Jahrhunderte zurückliegende Quellen heranzuführen, an geradezu modellhafte Denkansätze und Systeme, aus denen sich Impulse auch unseres gegenwärtigen Geisteslebens herleiten lassen.

Ich finde, gerade wir Deutschen haben genug von martialischer Geschichtsvorführung, vom pointierten Nachvollzug politischer Strategien, die in Krieg, Zerstörung, Zerteilung und Haß ihre Fortsetzung mit anderen Mitteln begreift. – Es wäre indes töricht, weil unmöglich, sich von belastender, verwerflicher, beschämender und noch unsere Tage tangierender Vergangenheitserfahrung loszusagen. Aber: Es ist lebensklug, sich immer wieder zu vergegenwärtigen, wer die wenigen waren, die danach trachteten, den Frieden zu erhalten, sittliche Kräfte zu wecken, die Menschen wissender und selbstbewußter zu machen – sie zu lehren, daß man vom Brot nicht allein leben kann. So steht auch Melanchthon für die existentielle Forderung, daß die sinngebende Würde des Menschen durch den aufstrebenden Geist gewahrt wird.

Nicht alles, was uns die Geschichte des 16. Jahrhunderts zeigt, ist ein Lehrbuch des Erfolges auf der Straße des Friedens in Gesellschaft, Staat und Kirche – nicht alles ein Triumph des befreiten Geistes. Ein solcher retrospektiver Befund muß keineswegs schrecken: Eine verhinderte oder ungenutzte Chance zu Frieden, Gerechtigkeit und gedeihlichem Zusammenleben ist dann bestenfalls vertagt – vertan ist sie, solange sich Menschen mühen, nie.

Unter derartigen Auspizien versteht sich der Melanchthonverein als ein den interessierten Mitbürgern dienender Kulturverein. Er ist einem reformatorisch-humanistischen Erbe verpflichtet, dessen Virulenz auch weiterhin spürbar, ja nutzbar bleiben soll. Er sieht sich deshalb auch gern in die Pflicht des Gastgebers genommen: Gastgeber für ein außerordentliches Ereignis in dieser Stadt, das Anstoß geben kann, den Blick für Denkweisen zu schärfen, die Melanchthon der Neuzeit in die Wiege gelegt hat.

Dies ist ein Tag der Genugtuung, der Freude und des Ansporns. Mein Willkommensgruß gilt Ihnen allen – mein Glückwunsch dem Preisträger.

Grußwort

Oberkirchenrat Dr. Konrad von Rabenau
Evangelische Kirche der Union (DDR)

Sehr geehrter Herr Oberbürgermeister, sehr geehrter Herr Preisträger, liebe Festversammlung,
ich bin sehr dankbar, daß ich in dieser Stunde unter Ihnen sein und Grüße aus dem anderen Teil Deutschlands bringen kann. Sie haben vor, eine festere Verbindung zu Wittenberg zu knüpfen; das ist im gewünschten Maße noch nicht gelungen, aber aus dem Evangelischen Predigerseminar, das ja in bestimmter Weise ein Erbe der Universität Wittenberg ist, und auch aus der Stadt darf ich sehr herzliche Grüße sagen. Wir hoffen sehr, daß die Verbindung zu Bretten und der Reformationspflege, die hier getrieben wird, einen guten Fortgang nimmt und ihre Frucht trägt – vielleicht bei dem großen Jubiläum, das für Melanchthon zu feiern sein wird. Ich darf auch sagen, daß das Interesse der Stadt und Bürgerschaft Wittenbergs an Melanchthon nicht erlahmt ist, und ich werde dort den städtischen Behörden berichten, was hier geschieht. Ich halte es für sehr förderlich und bewundernswert, daß eine Stadt die theologisch-wissenschaftliche und gerade auch die interkonfessionell geleistete Arbeit in dieser Weise fördert und hervorhebt.

Im Nachdenken über das, was Sie hier tun, ist mir deutlich geworden, daß in Sachen Melanchthon in unserem Teil des Landes noch zu wenig geschieht. Wir haben einen Pfarrer in Halle, der die Reden Melanchthons untersucht und dargestellt hat; das ist sicherlich ein Beitrag zu einer wichtigen Tätigkeit Melanchthons, der ja in unerhörter Weise selbstlos war. Er hat den Professoren und den Studenten der Theologischen Fakultät die Reden geschrieben und seinen Namen weggelassen, so daß man erst im nachhinein feststellt, daß es sich dabei oft um seinen geistigen Beitrag handelt. Wir hoffen auch, daß die große Bibliographie, die hier in Bretten einmal angefangen worden ist, bei uns von den Herren Claus und Koehn fertiggestellt werden wird. Als Mann der Evangelischen Kirche der Union und des Bundes der Evangelischen Kirchen möchte ich hervorheben, daß Melanchthon mit seinen Bemühungen derjenige gewesen ist, der wesentlich dazu beigetragen hat, daß der deutsche Protestantismus nicht davon ablassen konnte, eine geistige Einheit und geistige Mitte zu finden. Wie schwer das war, wissen wir alle, und es ist im Grunde erst durch die Folgen der schweren Erschütterungen unserer Kirche in der Nazi-Zeit gelungen, wirklich die Aussagen zu machen, die Lutheraner, Reformierte und eben auch die Unierten verbinden. Melanchthon ist ein charaktervoller Theologe des Unionsgedankens gewesen. Wenn man ihm folgt, darf man nicht meinen, hinter dem Gemeinschaftsbemühen stehen kein Bekenntnis und keine theologische Leidenschaft.

Meine persönliche Beziehung zu Melanchthon ist durch eine erschütternde Begegnung vertieft worden. In der Universitätsbibliothek Leipzig hängt sein Totenbild. Als ein vergrämter, trauriger Mann ist er gestorben, und so hat ihn Lukas Cranach der Jüngere festgehalten. Dieser Anblick hat mich ähnlich erschüttert wie das Bild der Käthe Kollwitz, die ihren Freund Barlach auf dem Totenbett gezeichnet hat.

Melanchthon ist ein Mann gewesen, der es sich sehr schwer gemacht hat, gerade wegen seiner Haltung als Mittler und gerade wegen der theologischen Leidenschaft, mit der er eingegriffen hat. Ich mußte erkennen, daß wir als Christen und Bürger dieser Erde nicht einfach damit rechnen können, daß unser Leben leicht zu Ende geht. Aber der Mann, der in seiner Theologie den Trost so stark herausgestellt hat, ist, denke ich, doch der von Gott Getröstete gewesen, als er Gottes Zukunft entgegenging, die über allen unseren Möglichkeiten steht.

Grußwort

Prof. Dr. BERND MOELLER
Vorsitzender des Vereins für Reformationsgeschichte

Hochansehnliche Versammlung,
es ist mir eine Ehre und wärmt mir das Herz, bei diesem feierlichen Anlaß den Verein für Reformationsgeschichte repräsentieren und Ihnen im Namen dieses Vereins Glückwünsche sagen zu dürfen. Ich muß hervorheben: Der Verein für Reformationsgeschichte ist eine ehrfurchtgebietende Einrichtung. Er pflegt die reformationshistorische Wissenschaft, ist schon über 100 Jahre alt und hat im Lauf der Zeit fast 400 gelehrte Bücher hervorgebracht. Aber Ihre Stadt ist ja auch ehrfurchtgebietend. Sie ist noch wesentlich älter und hat einen berühmten Mann hervorgebracht. Was mich mit Sympathie erfüllt und mir das Herz erwärmt, das ist, daß sich Bretten an diesen berühmten Mann erinnert und daß es das mit Ernst tut, das heißt sich darum bemüht, ihm gerecht zu werden. Schon lange steht, für jeden Brettener unübersehbar, dieses – in mancher Hinsicht auch merkwürdige – Haus mitten in der Stadt mit seiner berühmten Bibliothek. Und nun haben Sie diesen Melanchthonpreis geschaffen und schmücken sich damit – so etwas tun gegenwärtig viele Städte –, aber Sie tun es auf ungewöhnliche und, wie ich finde, auf sehr respektable Weise. Dieser Preis weist nämlich auf den Mann, nach dem er benannt ist, auch wirklich hin. Er soll ihm und seiner Sache dienen und sein Werk besser bekannt machen, und zwar nicht bloß in Bretten, sondern auch darüber hinaus. Wenn nun jeweils das beste Buch über Melanchthon prämiiert wird, dann kann man ja auch damit rechnen, daß in Zukunft noch bessere Bücher als bisher über Melanchthon geschrieben werden. Daß Sie es aber mit diesem Preis ernst meinen, das haben Sie damit erwiesen, daß Sie uns, dem Verein für Reformationsgeschichte, angetragen haben, ein preiswürdiges Buch und den Preisträger auszuwählen. Wir haben dies als eine Ehre aufgefaßt und gern übernommen, einmal weil wir dafür wirklich kompetent sind – in Herrn Dr. Scheible gehört der beste Melanchthonfachmann, den es heute überhaupt gibt, dem Vorstand des Vereins an –, aber zweitens hat uns dies nun eben beeindruckt und erwärmt, daß es Ihnen bei diesem Preis wirklich um Melanchthon geht. Da sind wir auf ein und derselben Wellenlänge.
Der Verein für Reformationsgeschichte und die Stadt Bretten sind sich auch bisher schon nicht gänzlich unbekannt gewesen und haben ihre Sympathie füreinander nicht erst jetzt entdeckt. Ich weiß nicht, ob man daran in Bretten noch eine Erinnerung hat: Aus unseren Vereinsakten geht hervor, daß der Verein hier schon einmal war, und zwar bei dem feierlichen Anlaß seines 25jährigen Jubiläums vor nunmehr 80 Jahren. Am 23./24. April 1908 wurde hier eine Generalversammlung

veranstaltet. Wir haben in unserem Archiv neben anderen Dokumenten einen ausführlichen Zeitungsbericht aus einer der führenden Tageszeitungen jener Jahre vor dem Ersten Weltkrieg gefunden, der Vossischen Zeitung in Berlin. Da konnte man am 30. April 1908 einen »Eigenen Bericht« unter der Überschrift »Das Jubelfest des Vereins für Reformationsgeschichte« lesen, aus dem ich ein paar Sätze zitieren möchte: »Die Wahl des freundlichen, sympathischen Städtchens erwies sich als ein glücklicher Griff, insbesondere wegen der überaus lebhaften Teilnahme der gesamten Bevölkerung an dem Feste des Vereins und des herzlichen Empfanges, den männiglich, von dem jungen tatkräftigen Bürgermeister an bis zum letzten Einwohner, den Festgästen bereitete... Das ganze Städtchen feierte mit; wohl kaum ein einziges Haus entbehrte des fröhlichen Schmuckes lang herabwallender Fahnen in den muntern Farben des badischen Landes oder denen der Stadt... Den Haupttag der Feier leitete frühmorgens Festgeläute und Choralblasen vom Turm der Stiftskirche stimmungsvoll ein. Um 8 Uhr fand sich eine größere Zahl der Festteilnehmer zur Besichtigung des Melanchthon-Gedächtnishauses ein, dessen Schöpfung ein schönes Beispiel von der Macht des Idealismus in unserer als materiell so sehr verschrieenen Zeit darstellt... An die Besichtigung des Gedächtnishauses schloß sich die eigentliche Festversammlung an, die in der erwähnten Halle des Hauses stattfand.« Da gibt es dann einen Vortrag, Festbericht, Kassenbericht, und schließlich heißt es: »Bereits war die Zeit für das Festmahl herangekommen, das in dem gegenüberliegenden ›Gasthof zum Löwen‹ eingenommen wurde, gewürzt durch eine Reihe ernster und launiger Trinksprüche... Als der Nachtisch aufgetragen wurde, standen schon die von der Stadt gestellten Wagen bereit, die die Versammelten in stattlichem Zuge nach dem benachbarten alten Zisterzienserkloster Maulbronn, auf württembergischem Gebiet, entführten... Die Besichtigung Maulbronns bildete den letzten Punkt des Festprogramms; im Laufe des Nachmittags und Abends verließ der größere Teil der Teilnehmer die gastliche Melanchthonstadt, um in die Heimat zurückzukehren; eine kleinere Zahl aber verbrachte den Abend noch in behaglichem Zusammensein mit den wackern Mitgliedern des städtischen Festausschusses, bis am nächsten Morgen auch ihre Stunde der Heimfahrt schlug.«

Soweit dieser Berliner Bericht von 1908. Das gastliche Bretten, die große Festes-Freude – man könnte meinen, es habe sich nur wenig geändert in den 80 Jahren, die seither vergangen sind. Doch wäre das eine schwere Täuschung, die einem spätestens dann bewußt wird, wenn man liest, wie der damalige Berliner Journalist seinen Lesern den Verein für Reformationsgeschichte vorgestellt hat: »Er ist eine Gründung des Lutherjubiläums 1883, in dem sich in weitesten Kreisen das Bedürfnis nach einem engeren Zusammenschluß unter den evangelischen Glaubensgenossen regte und der Wunsch laut wurde, sich zu einer Arbeit zusammenzutun, die auch dann noch, wenn die Festesfeier (1883) verklungen wäre, zur Stärkung evangelischen Bewußtseins in weiteren Schichten beitragen könnte. Im besonderen kam noch das Verhalten der Gegner der evangelischen Kirche hinzu, die damals mit einer Flut von

Schriften hervortraten, in denen die gesamte Auffassung von Personen und Sachen des Reformationszeitalters auf den Kopf gestellt und die Reformation des 16. Jahrhunderts tendenziös als unser nationales Unglück bezeichnet, die Reformatoren nebst den evangelischen Fürsten und den Bekennern des Evangeliums intellektuell und moralisch möglichst tief herabgesetzt wurden. Muß es demgegenüber als desto dringenderes Bedürfnis empfunden werden, daß auf evangelischer Seite eine größere Vertrautheit unserer gebildeten Kreise mit der Gründungsgeschichte unserer Kirche erzielt werde (...).«

Meine Damen und Herren, das ist nun wirklich vorbei. Was da beschrieben wird, ist nicht mehr der Verein für Reformationsgeschichte von heute, und dergleichen paßt auch nicht mehr zu der Stadt Bretten von heute: Bollwerk eines sich konfessionell verstehenden Protestantismus, der sich in einem – fast könnte man sagen: verzweifelten und trotzigen Abwehrkampf befindet gegen die katholischen Feinde der wissenschaftlichen Wahrheit, durch die die Reformation tief herabgesetzt wird. Davon ist heute nichts mehr da. Und das kann ich Ihnen handfest beweisen: Der erste Melanchthonpreisträger der Stadt Bretten, vom Verein für Reformationsgeschichte vorgeschlagen, von der Stadt erwählt, ist ein Professor der katholischen Theologie, und er wird geehrt, weil er nach unserer Meinung das beste Buch der letzten Jahre über das Denken Melanchthons geschrieben hat. Das heißt, er ist derjenige, der in den letzten Jahren am besten hat klarmachen können, was dieser berühmte Mann aus Bretten wirklich gedacht und gewollt hat. Ich glaube, das hätte man sich 1908 nicht vorstellen können.

Laudatio

Dr. Heinz Scheible
Leiter der Melanchthon-Forschungsstelle Heidelberg

Der Melanchthonpreis der Stadt Bretten ist so definiert, daß Forschungen aus dem Bereich von Humanismus und Reformation samt ihren Nachwirkungen prämiiert werden können, wobei keine Einschränkung auf deutschsprachige Bücher besteht. Als preiswürdig könnte also eine ganze Anzahl von wissenschaftlichen Untersuchungen genannt werden. Dem Vorstand des Vereins für Reformationsgeschichte als dem Nominierungskomitee erschien es jedoch als angemessen, daß zumindest beim ersten Mal der Preis einem Forschungsbeitrag zuerkannt werden sollte, der sich unmittelbar mit Melanchthon befaßt.

Damit mußte die Wahl ohne jeden Zweifel auf die Dissertation von Siegfried Wiedenhofer fallen, die 1976 unter dem Titel »Formalstrukturen humanistischer und reformatorischer Theologie bei Philipp Melanchthon« im Druck erschienen ist, denn kein anderes Buch über Melanchthon eines lebenden Autors behandelt mit so umfassender Kenntnis der Quellen und Forschungsliteratur, mit so reflektierter Methode und in so klarer Sprache ein so zentrales Thema sowohl der Biographie Melanchthons als auch der gesamten Geistesgeschichte seiner Zeit.

Das zentrale Thema ist Humanismus und Reformation. Humanismus, das ist die große geistige, insbesondere literarische Bewegung, die zuerst in Italien seit dem 14. Jahrhundert die lateinischen und griechischen Schriften des Altertums neu entdeckte und für die Bildung der Sprache und des Denkens nutzbar machte. Die Hauptvertreter dieser Bewegung in Deutschland sind Reuchlin, Rudolf Agricola, Erasmus, Wimpfeling und Pirckheimer. Unter ihrem geistigen und zum Teil persönlichen Einfluß empfing der junge Melanchthon seine Bildung. Reformation, das ist die Kirchenreform des 16. Jahrhunderts, die durch Luthers Ablaßthesen vom 31. Oktober 1517 ausgelöst wurde. Ihr geistig-religiöses Fundament, das der Bibelprofessor Luther in jahrelangem Studium erarbeitet hatte, ist die Überwindung der spätscholastischen Theologie durch Rückgriff auf die Quellen des christlichen Altertums, namentlich Augustin, und auf die Quelle des Christentums überhaupt, die Heilige Schrift.

Melanchthon, der im Alter von 21 Jahren an die Universität Wittenberg kam, wurde alsbald der entschiedenste Mitstreiter seines älteren Kollegen Luther und gilt bis heute als einer der großen Reformatoren. Dies führte zu einer ernsten Entfremdung von seinem Förderer und Verwandten Reuchlin und zu einer Trübung des Verhältnisses zu Erasmus, mit dem Luther schließlich den literarischen Streit um die Willensfreiheit ausfocht. Durch diesen Streit zwischen Luther und Erasmus, den

Hauptvertretern von Reformation und Humanismus, entstand im Bewußtsein vieler Zeitgenossen und der Nachwelt bis heute der Eindruck einer Diastase, einer Kluft, einer Unvereinbarkeit der beiden Kulturerscheinungen Humanismus und Reformation. In der Gestalt Melanchthons verdichtete sich dieser Eindruck zu dem Problem der Einheit seines Denkens. Sind Melanchthons philosophische und theologische Äußerungen als Einheit zu verstehen, oder gibt es darin Brüche und Reste eigentlich überwundener Entwicklungsstufen? An dieser Frage kommt kaum eine wissenschaftliche Studie über Melanchthon vorbei. Dabei wird oft ein unreflektierter Humanismusbegriff verwendet, dessen inhaltliche Bestimmung von dem abhängt, was jeweils für reformatorisch gehalten wird.

Wiedenhofer jedoch geht das Problem methodisch an. Er fragt nach der Struktur von Melanchthons Theologieverständnis. Unter »Formalstruktur« versteht er »jenes vielfältige Gewebe von Prinzipien, Motiven, Prämissen und Elementen theologischer und nichttheologischer Art, das der Theologie Melanchthons in formaler Hinsicht ihre charakteristische Gestalt verleiht« (S. 2). Die Erforschung der Formalstruktur bedarf natürlich der materialen Analyse. In zwei vorbereitenden Schritten wird nach dem Verständnis von Offenbarung und Überlieferung gefragt und von daher der Theologiebegriff bestimmt. Diese drei Untersuchungsebenen werden viermal angelegt, zuerst bei Schriften von zwei führenden Humanisten, die sich nicht der Reformation zugewandt haben und ihre untersuchten theologischen Äußerungen unmittelbar vor Luthers Auftreten formulierten, nämlich Erasmus und Pirckheimer, sodann bei den Schriften Melanchthons, die vor und am Anfang seiner Begegnung mit Luther entstanden, schließlich und hauptsächlich bei Melanchthons reformatorischen Schriften durch sein ganzes Leben hindurch – rein arbeitsmäßig eine enorme Leistung.

Das Ergebnis ist verblüffend. Manches von dem, was man für genuin reformatorisch hält, findet sich schon bei den genannten Humanisten, insbesondere in den Einleitungsschriften des Erasmus zu seinem Neuen Testament, dessen erstmals 1516 erschienene Edition das unentbehrliche Quellenwerk für jede reformatorische Theologie wurde. Melanchthon brachte dieses Theologieverständnis nach Wittenberg mit. Auch die humanistische Reformtheologie möchte durch philosophische Überfremdung hindurch zu den Quellen des Christentums vordringen. Es geht ihr nicht um rationale Spekulation, sondern sie ist auf das christliche Leben ausgerichtet, ist eine existentielle Theologie. Der Intellekt wird dem Affekt unter- und eingeordnet. Christusoffenbarung und Menschenweisheit werden klar unterschieden, und von daher wird die Tradition kritisch geprüft. »Humanistische Theologie ist wesentlich Schrifttheologie« (S. 159).

Dies alles gilt für die Struktur des theologischen Denkens. Inhaltliche Verschiedenheiten sind durch den Befund einer gemeinsamen Struktur nicht ausgeschlossen, so wie es ja auch eine gemeinsame Struktur reformatorischer Theologie geben muß, die so verschiedene und zerstrittene Reformatoren wie Luther und Zwingli verbindet.

Noch ein mögliches Mißverständnis ist aufzuklären: Die Erhebung von Formalstrukturen bewegt sich nicht in einem abstrakten Formalismus, sondern geschieht durch »Materialanalysen«. Wiedenhofers Buch ist gesättigt mit eindringenden inhaltlichen Interpretationen der Schriften Melanchthons und der genannten Humanisten. Eine Fülle erhellender Beobachtungen über Sprache, Geschichte, Philosophie, Methode der Loci, Gesetz und Evangelium, Kirche und Amt und vieles mehr steckt in diesen zwei Bänden von 500 Seiten Text und über 400 Seiten Anmerkungen, eine Fundgrube, die auszuschöpfen eine Zukunftsaufgabe der Melanchthon-Forschung ist.

Wiedenhofers Hauptergebnis, die Strukturverwandtschaft humanistischer und reformatorischer Theologie, ist nicht nur für Melanchthons Biographie von Bedeutung, sondern hilft auch, die allgemeine Reformationsgeschichte besser zu verstehen. Es ist nun nicht mehr verwunderlich, daß nicht nur Melanchthon, sondern die Mehrzahl der Reformatoren vom Humanismus herkommen. Neuerdings hat der Leipziger Kirchenhistoriker Junghans unabhängig von Wiedenhofer nachgewiesen, daß die Verbindungen sogar des jungen Luther zu Humanisten stärker waren, als man gemeinhin annimmt. Geistesgeschichtlich ist also zwischen Humanismus und Reformation eine weniger scharfe Zäsur zu markieren. Beide stehen im Gegensatz zur Scholastik.

Allerdings war die gemeinsame Front nicht von Dauer. Der Kampf zwischen Luther und Erasmus verdeckte die gemeinsame Basis und riß Abgründe auf, wo vielleicht nur Grenzpfähle hätten errichtet werden müssen – wie ja auch der persönliche Gegensatz Luthers zu Karlstadt und Zwingli innerhalb der reformatorischen Kirchen Trennungen zur Folge hatte, die bis heute noch nicht ganz überwunden sind. Wiedenhofer verfolgt mit seiner theologiegeschichtlichen Untersuchung ausgesprochenermaßen auch das ökumenische Ziel, unnötige Mauern abzutragen, indem er das gemeinsame Fundament freilegt. Er weiß aber, wie festgefahren die Wege in den Jahrhunderten geworden sind und daß man vom gegenwärtigen Zustand der Kirche ausgehen muß. Sein ökumenisches Interesse, über das im Preiskomitee unterschiedliche Meinungen geäußert wurden, blieb bei der Zuerkennung des Preises unberücksichtigt, wie es ja auch den Gang der Untersuchung, die streng wissenschaftlich-historisch ist, nicht beeinflußt.

Der reiche wissenschaftliche Ertrag des Buches, der hier nur in groben Umrissen angedeutet werden konnte, hat zwar in der Melanchthon-Forschung im engeren Sinne, aber noch nicht für die allgemeine Reformationsgeschichte die gebührende Beachtung gefunden. Dies hängt gewiß damit zusammen, daß Wiedenhofers Erstlingswerk in bescheidenem Gewand und geringer Auflage als Dissertation erschienen ist. Es wäre sehr zu wünschen, daß die Prämiierung diesem grundlegenden Werk eine größere Beachtung verschafft, die dann vielleicht auch zu einem Neudruck in würdiger Ausstattung und mit Registern führen könnte.

Der Melanchthonpreis der Stadt Bretten zeichnet ein Buch aus, nicht eine Person.

Die Preiswürdigkeit des Buches wurde ohne Hinblick auf den Verfasser und die Umstände der Entstehung seines Buches ermittelt. Dies schließt jedoch ein zusätzliches Interesse an der Person des Verfassers und eine Würdigung seiner theologischen Position und seiner beruflichen Laufbahn nicht aus. Siegfried Wiedenhofer wurde am 7. Dezember 1941 in Fladnitz in der Steiermark geboren. Als Papst Johannes XXIII. das Zweite Vatikanische Konzil ankündigte, stand Siegfried Wiedenhofer in seinem 18. Lebensjahr. Als das Konzil dann am 11. Oktober 1962 eröffnet wurde, war er fast 21 und Student der katholischen Theologie. Außer seiner Heimatuniversität Graz besuchte er drei deutsche Universitäten, und zwar solche, an denen katholische und evangelische theologische Fakultäten nebeneinander bestehen, nämlich Bonn, Münster und Tübingen. Es sind dies auch die Stationen des Professors Joseph Ratzinger, der Konzilsberater war, später Erzbischof von München wurde und heute als Kurienkardinal der Glaubenskongregation der römisch-katholischen Kirche vorsteht. 1967 wurde Wiedenhofer Ratzingers Assistent in Tübingen. Im gleichen Jahr heiratete er, und zwar eine – damals noch – evangelische Frau. Dies ist in unserem Zusammenhang keine Privatsache, sondern erhellt den existentiellen Rahmen, in dem Wiedenhofers Melanchthonbuch entstand. 1969 nahm Ratzinger seinen Meisterschüler an die neugegründete Universität Regensburg mit. Hier wurde er 1974 mit seiner Arbeit über »Formalstrukturen humanistischer und reformatorischer Theologie bei Philipp Melanchthon« promoviert. Es folgte ein Buch über »Politische Theologie« (1976), eine besonnene Aufarbeitung höchst aktueller theologischer Richtungen in beiden deutschen Kirchen. Die zahlreichen Aufsätze und Artikel kann ich hier nur pauschal erwähnen. Habilitiert wurde Wiedenhofer für katholische systematische Theologie, Fundamentaltheologie und ökumenische Theologie. 1980 erhielt er den Ruf auf einen Lehrstuhl für katholische systematische Theologie am religionswissenschaftlichen Fachbereich der Universität Frankfurt/Main, den er noch heute innehat (nun im Rahmen des neugebildeten Fachbereichs »Katholische Theologie«). Er ist einer der wenigen verheirateten katholischen Theologieprofessoren, bildet aber keine Priester aus, sondern Religionslehrer. Dies alles war für die Verleihung des Preises unerheblich. Doch es erfüllt mich mit Befriedigung, daß der Preisträger nicht nur ein großer Gelehrter ist, sondern ein Mensch von ökumenischer Gesinnung, einer, der auch die Gedanken anderer zu verstehen sucht und gesprächsbereit ist, ohne den eigenen Standort preiszugeben, und der außerdem in bestimmten Situationen auch den Mut hat, Entscheidungen zu treffen, die den Erwartungen seines sozialen Umfeldes entgegengesetzt sind. Ich meine, Siegfried Wiedenhofer ist eines Preises, der den Namen Melanchthons trägt, würdig.

Oberbürgermeister Paul Metzger
überreicht Prof. Dr. Siegfried
Wiedenhofer die Preisurkunde

Prof. Dr. Siegfried Wiedenhofer,
der erste Melanchthon-Preisträger,
bei seiner Festansprache

Im Bewußtsein der Verantwortung für das geistige Erbe ihres großen Sohnes Philipp Melanchthon hat die Große Kreisstadt Bretten am 15. Dezember 1986 den

Melanchthonpreis der Stadt Bretten

gestiftet.

Auf Vorschlag des Vereins für Reformationsgeschichte und nach Abstimmung mit dem Melanchthonverein Bretten und der Melanchthon-Forschungsstelle bei der Heidelberger Akademie der Wissenschaften hat der Gemeinderat am 14. Dez. 1987 einstimmig entschieden

Herrn Prof. Dr. theol. Siegfried Wiedenhofer

den Melanchthonpreis 1988
zu verleihen für das von ihm verfaßte Buch mit dem Titel:
„Formalstrukturen humanistischer und reformatorischer Theologie
bei Philipp Melanchthon."

Bretten, den 5. März 1988

Paul Metzger
Oberbürgermeister

Prof. Dr. SIEGFRIED WIEDENHOFER, Universität Frankfurt/Main

Das Alte und das Neue
Tradition zwischen Humanismus und Reformation

Sehr verehrter Herr Oberbürgermeister, hohe Festversammlung!
Für die große Ehre, die mir mit der Verleihung des Melanchthonpreises erwiesen worden ist, möchte ich mich bei der Stadt Bretten und bei allen an der Entscheidung beteiligten Personen und Gremien herzlich bedanken. Ich freue mich nicht nur deswegen, weil meine Erstlingsarbeit jetzt nachträglich noch eine solche Würdigung und Beachtung erfahren hat, sondern auch deswegen, weil ich zu Beginn meiner akademischen Tätigkeit wirklich viel Zeit und Kraft dafür eingesetzt habe. Meine Frau kann sich, glaube ich, auch heute noch sehr gut an jene Zeiten erinnern. Es waren ja zugleich die ersten Jahre unserer Ehe. Wir haben damals zwar nicht direkt eine Ehe zu dritt geführt, aber der gute Magister Philipp Melanchthon war doch fast sieben Jahre lang bis in unseren Familienalltag hinein konstant bei uns präsent. Eine so breit angelegte und materialreiche Arbeit kann man natürlich nur durchführen und durchhalten, wenn der Gegenstand selbst eine große Faszination ausübt und wenn die Umstände günstig sind. Beides war glücklicherweise der Fall. Es war eine wirkliche Fügung, durch meinen Lehrer Joseph Ratzinger zu einer Zeit auf Person und Werk Melanchthons hingeführt worden zu sein, als dieser katholischerseits noch in keiner Weise im Blickpunkt des Interesses stand – nur mein Freund und Kollege Vinzenz Pfnür hat mit seiner (ebenfalls bei Joseph Ratzinger angefertigten) Melanchthonarbeit noch früher begonnen – und als Melanchthon auch evangelischerseits eigentlich mehr Kritik als Zustimmung erfahren hat. Und es war ein wirkliches Glück, von meinem Lehrer als Assistent nicht nur einen großzügigen zeitlichen Freiraum erhalten zu haben, sondern von ihm auch die theologischen Einsichten vermittelt bekommen zu haben, die es erlaubten, das Werk Melanchthons mit neuen Augen zu betrachten. Was ich bei dieser Arbeit gelernt habe in bezug auf Humanismus und Reformation, in bezug auf reformatorische Theologie und Ökumene und in bezug auf die (früh)neuzeitliche Theologie- und Kulturgeschichte überhaupt, das bestimmt mich bis heute, davon zehre ich bis heute. Ich möchte nun anfangen, meinen Dank abzustatten, indem ich Ihnen einen Ausschnitt aus einem Forschungsprojekt vortrage, das mich seit meiner Melanchthonarbeit beschäftigt und das auch noch einige weitere Jahre in Anspruch nehmen wird, nämlich die abendländische Geschichte des Begriffes »Tradition« historisch zu rekonstruieren. Der Abschnitt, den ich Ihnen nun in der Form einer ersten Übersicht vorstellen möchte, umfaßt die Zeit von Humanismus und Reformation, jene Zeit also, deren Erforschung auch der Melanchthonpreis fördern soll. Leider hat mein verehrter Kollege, Herr Dr. Schei-

ble, in seiner wohlwollenden Laudatio, für die ich mich besonders herzlich bedanke, die Erwartungen so hoch geschraubt, daß ich für das folgende eigentlich nur noch um Nachsicht bitten kann.

Einleitung

Zum Traditionsverhältnis der Gegenwart

Die strukturelle Orientierungskrise moderner Gesellschaften führt immer wieder zu einer zweifachen Klage: Die einen diagnostizieren und beklagen den Traditionsverlust, die anderen die Fortschrittskrise[1]. Wo beides zusammentrifft, wird die Sache gänzlich ausweglos: Denn wo man sowohl die Herkunft wie auch die Zukunft zu verlieren droht, reduziert sich die Gegenwart auf einen bloßen Punkt; auf einem Punkt kann aber keiner leben. Beides, alt und neu, Tradition und Fortschritt, ist in einer gewissen Hinsicht deutlich unterschieden, bis hin zum Gegensatz: Wer vorwärtskommen will, für den wirkt die Tradition als eine Last, die man abschütteln muß. Wer aber nicht weiß, wohin er gehen soll und wie er seine Entscheidung begründen soll, für den sind die bisherigen, durch Erfahrung bewährten Wegweiser von größter Bedeutung. Auf der anderen Seite kann aber offenbar das eine ohne das andere gar nicht existieren. Denn eine Tradition ohne Fortschritt verknöchert, versteinert und stirbt schließlich ganz ab, während der reine Fortschritt ohne jede Tradition sich in bloße Aktivität hinein auflöst.

Es waren solche und ähnliche Grunderfahrungen, die gegen Ende des 18. und zu Beginn des 19. Jahrhunderts den modernen Traditionsbegriff entstehen ließen, nachdem zuvor in den eigentlichen Gründerjahren der Moderne, in der Zeit der Aufklärung, die Opposition von Gegenwart und Vergangenheit, Überlieferung und Verstand, Tradition und Originalität, Autorität und Vernunft noch einmal beträchtlich verschärft worden war. Je erfahrener aber die Moderne wurde, um so deutlicher wurde ihr auch, daß Vergangenheit zugleich Last und Inspiration bedeutet, daß alle Geschichte einmal zur Tradition wird, ja daß letzten Endes Geschichte und Überlieferung dasselbe meinen: den menschheitsgeschichtlichen Prozeß des Gegeneinanders und Miteinanders von Autorität und Freiheit, Anerkennung und Kritik, alt und neu[2]. Einer der ersten, der diese Dialektik im modernen Traditionsbegriff erkannt hat, der also erkannt hat, daß im Individuum die

---

1 Vgl. dazu H. LÜBBE, Traditionsverlust und Fortschrittskrise. Sozialer Wandel als Orientierungsproblem, in: Wolfenbütteler Studien zur Aufklärung, hg. von G. SCHULZ, Bd. 1, Wolfenbüttel 1974, 12–33.
2 Zur Geschichte des abendländischen Traditionsbegriffes vgl. S. WIEDENHOFER, Tradition/Traditionalismus, in: O. BRUNNER/W. CONZE/R. KOSELLECK (Hg.), Geschichtliche Grundbegriffe, Bd. 6, Stuttgart 1989.

Tradition sowohl Schicksal als auch Auftrag ist, war Goethe, der nach 1812 in einem Spruch sagen konnte:

>»Gern wär' ich Überliefrung los
>Und ganz original;
>Doch ist das Unternehmen groß
>Und führt in manche Qual
>Als Autochthone rechnet' ich
>Es mir zur höchsten Ehre,
>Wenn ich nicht gar zu wunderlich
>Selbst Überlieferung wäre«[3].

Das 16. Jahrhundert – eine Zeit des Übergangs

Auch das 16. Jahrhundert ist eine Zeit des Übergangs und eine Zeit der Orientierungskrise, in manchem noch ganz zum Mittelalter gehörend, in manchem aber auch schon die Neuzeit eröffnend. Im Umgang mit dieser Orientierungskrise ist auch das abendländische Traditionsverhältnis in ein neues Stadium eingetreten.

Eine anschauliche Illustration findet diese Spannung zwischen dem Alten und dem Neuen in der bekannten, im 19. Jahrhundert häufig bildlich dargestellten Geschichte, die zwar erst im Jahr 1620 von Melchior Adam überliefert wird, die aber historisch so ganz unwahrscheinlich nicht ist: Als Melanchthon 1529 vom Reichstag zu Speyer aus seine Heimatstadt besucht habe, habe ihn seine Mutter um Rat gefragt, was sie angesichts der religiösen Streitigkeiten nun glauben solle. Er habe sie bestärkt, bei ihrem bisherigen Glauben und ihren gewohnten Gebeten zu bleiben, an denen er nichts Anstößiges gefunden habe[4]. Melanchthon selbst gehörte dagegen nicht nur als wichtiger Vertreter der reformatorischen Bewegung, sondern auch schon als Humanist, der sich kritisch mit der alten mittelalterlich-scholastischen Kultur auseinandersetzte, auf die Seite des Neuen. Außerdem entstammte er einer gesellschaftlichen Schicht, die für das Neue in besonderer Weise aufgeschlossen war. Die Familie, in die er hineingeboren wurde, gehörte zum durchaus vornehmen Bürgertum, das durch eigene Tüchtigkeit zu Wohlstand gekommen war und durch verwandtschaftliche Beziehungen mit den hervorragendsten Geistern der Zeit sowie durch gesellschaftliche Beziehungen mit dem Heidelberger Hof verbunden war. Bretten war im übrigen damals die nach Heidelberg größte und wirtschaftlich bedeutendste Stadt der Pfalz rechts des Rheins[5].

---

3 Goethes Werke. Hamburger Ausgabe, Bd. 1, München 10. Aufl. 1974, 310.
4 Vgl. dazu H. SCHEIBLE, Philipp Melanchthon, der bedeutendste Sohn der Stadt Bretten, in: A. SCHÄFER, Geschichte der Stadt Bretten von den Anfängen bis zur Zerstörung 1689, Bretten 1977, 257–282, 265f.
5 Vgl. H. SCHEIBLE (wie Anm. 4), 258f.

Dieser Charakter der Übergangszeit spiegelt sich auch im Traditionsverhältnis wider, zumal wenn man es mit seiner mittelalterlichen Vorgeschichte vergleicht.

Vom mittelalterlichen zum humanistischen Traditionsverständnis

Traditionsverhalten in der spätmittelalterlichen Stadt

Geht man davon aus, daß sich das Geschichts- und Traditionsverständnis gerade in der Art der Geschichtsschreibung in besonders anschaulicher Weise widerspiegelt, und nimmt man als Beispiel die Stadtbücher mittelalterlicher Städte (ihre Chroniken und Annalen) her (das legt sich zumal bei einer Feierstunde nahe, in der eine Stadt sich auch ihrer Vergangenheit vergewissert), so begegnen wir dort einem Geschichtsverhältnis, das noch ganz in einem archaischen Einheits- und Ordnungsbewußtsein verankert ist[6]. Die deutschen Städtechroniken des Spätmittelalters bezeugen nämlich geschichtliches Bewußtsein noch als ein undifferenziertes geschichtliches Bewußtsein des gesamtstädtischen Rechtssubjektes und seiner Mitglieder, das die Stadt als rechtlich geordneten und durch und durch religiös fundierten Lebensraum erfahren läßt, eingefügt und eingebettet in den gottgewollten Kreislauf der Natur.

Ein solches undifferenziertes Geschichtsverhältnis, das Geschichte eher durch die Unmittelbarkeit göttlichen Handelns und Wirkens als durch menschliche Entscheidungen und Handlungen bewegt zu sehen geneigt ist, nimmt Raum und Zeit noch nicht als in sich differenzierte, aus klar begrenzten, unterschiedlichen und eigentümlichen Elementen zusammengesetzte Bereiche wahr. Wie Nähe und Ferne eigentlich bruchlos ineinander übergehen, so auch Gegenwart und Vergangenheit. Noch in der spätmittelalterlichen Malerei kann das Nacheinander der Ereignisse der Passionsgeschichte als nebeneinander dargestellt werden, ist Jerusalem ganz offensichtlich eine deutsche Stadt, erscheinen die Gestalten der Heilsgeschichte in den Trachten deutscher Bürger, geschieht die Geburt Christi in einem deutschen Stall. Die heilsgeschichtlichen Ereignisse der Vergangenheit und Ferne sind Gegenwart und Nähe, vertraut und verstehbar. Und doch sind sie zugleich Ereignisse der universalen Heilsgeschichte, von einer unergründlichen göttlichen Tiefe und Bedeutsamkeit[7].

Für ein solches geschichtliches Bewußtsein, das weder die Dynamik und Unterschiedenheit der Geschichte noch die Perspektivität und Individualität des eigenen Bewußtseins in Anschlag bringt, ist Tradition noch kein Problem. Tradition ist vielmehr die Selbstverständlichkeit der eigenen Lebensform, deren Immer-schon-in-Geltung-Sein, deren Notwendigkeit und Selbstverständlichkeit. Tradition ist hier

---

6 Vgl. H. Schmidt, Die deutschen Städtechroniken als Spiegel des bürgerlichen Selbstverständnisses im Spätmittelalter (Schriftenreihe der historischen Kommission bei der bayerischen Akademie der Wissenschaften 3), Göttingen 1958, 16.
7 Vgl. H. Schmidt (wie Anm. 6), 141 f., 48 f., 89 ff., 111 ff.

noch die Einheit von Gegenwart und Vergangenheit, die unbefragte Nähe der Vergangenheit und Ferne.

Gewiß, unterhalb dieser epochalen Bewußtseinsstruktur kündigen sich längst schon Differenzierungen an: In manchen Bereichen werden Fortschrittserfahrungen unvermeidlich, andernorts breitet sich das pessimistische Gefühl des Immerschlechter-Werdens der Zeit aus; die Sehnsucht nach Kirchenreform, nach der Rückkehr zum Idealbild der ursprünglichen, noch unverdorbenen apostolischen Kirche wird immer größer, auch das Bewußtsein bevorstehender Änderungen wächst[8]. Aber erst um ca. 1500 scheinen jene gesellschaftlichen und geistigen Bedingungen gegeben, die eine neue epochale geschichtliche Bewußtseinsstruktur sich formieren lassen.

Neue geschichtliche und gesellschaftliche Bedingungen

In der Umbruchsperiode zwischen 1450 und 1550 ist nämlich sowohl im Bereich der Wirtschaft wie auch in den Bereichen der Gesellschaft, der politischen Herrschaft, der Kultur und der Religion ein ganz erheblicher Strukturwandel festzustellen. Die Erschütterung des ländlichen Sozialgefüges, der revolutionäre Aufstieg der Städte und des Bürgertums mit der Entfaltung der Märkte, der gewerblichen Wirtschaft, der Geldwirtschaft und der Arbeitsteilung führen im Gefolge dieses Frühkapitalismus bereits um 1500 zu ersten Anzeichen einer Klassenbildung. Die konkurrierenden Herrschaftsansprüche im Zusammenhang mit dem frühneuzeitlichen Staatenbildungsprozeß zwischen ständischer, patrizischer und fürstlicher Gewalt schwächen zunehmend die Integrationsleistung der bisherigen Großinstanzen, Reich, Kaisertum und Kirche. In diese Spannungen und Zerreißproben sind zwangsläufig auch Kultur und Religion einbezogen. Viele überlieferte Lebensformen, Normen, Werte, Plausibilitäten und Erfahrungshorizonte zeigen sich dieser neuen Situation nicht mehr gewachsen[9].

Mit dem Zerfall des undifferenzierten kollektiven Gedächtnisses stellt sich auch das Traditionsproblem neu. Aus dem mehr oder minder unbewußten Aus-der-Tradition-heraus-Leben wird nun immer mehr ein bewußtes Sich-zur-Tradition-verhalten-Müssen: Bewußte Neuerungen setzen eine Traditionskritik voraus, harte Legitimationsbedürfnisse drängen nach Erforschung und Sicherung der eigenen

---

8 Vgl. F. GRAUS, Epochenbewußtsein im Spätmittelalter und Probleme der Periodisierung, in: R. HERZOG/R. KOSELLECK (Hg.), Epochenschwelle und Epochenbewußtsein (Poetik und Hermeneutik 12), München 1987, 153–166.
9 Vgl. die zusammenfassende Darstellung bei H.-U. WEHLER, Deutsche Gesellschaftsgeschichte, Bd. 1, München 1987, 35–43. Stärker auf den Humanismus bezogen bei H. LUTZ, Humanismus am Vorabend der Reformation: Konzeptionen, Kräfte, Probleme, in: O. H. PESCH (Hg.), Humanismus und Reformation – Martin Luther und Erasmus von Rotterdam in den Konflikten ihrer Zeit, München/Zürich 1985, 12–33. Mit Blick auf die Reformation: B. MOELLER (Hg.), Stadt und Kirche im 16. Jahrhundert (Schriften des Vereins für Reformationsgeschichte 190), Gütersloh 1978.

Vorgeschichte. Konkurrierende Instanzen und Institutionen der Traditionsvermittlung treten an die Stelle des Traditionsvermittlungsmonopols der Kirche.

Humanistische Historiographie

Eine solche neue Instanz der Traditionsvermittlung stellt auch der Humanismus dar. ›Tradition‹ ist zwar bei den Humanisten noch kein historiographischer Begriff. Gegenstand und Form humanistischer Geschichtsschreibung zwischen dem Ende des 15. und der Mitte des 17. Jahrhunderts artikulieren sich vielmehr in den Ausdrücken »Herkommen« und »Gedächtnis«. Ob es sich um die Geschichte der Adelshäuser, der Patrizierfamilien, der Städte oder des Herrscherhauses handelt, die humanistischen Chronisten beschreiben – pointiert ausgedrückt – nicht die »Geschichte«, sondern das »Herkommen«, sie sammeln, ordnen, bewahren und aktualisieren nicht »Überlieferungen«, sondern das »Gedächtnis« beziehungsweise das, was der Erinnerung wert ist: »Ursprung und Herkommen des Geschlechts der edlen Truchsessen zue Waldpurg« ist die älteste erhaltene schwäbische Adelschronik, die 1525/26 entstandene Chronik der Truchsessen von Waldburg, überschrieben[10]. Und im 1514 vollendeten »Weißkunig« motiviert Kaiser Maximilian I. seine literarischen und historiographischen Pläne so: *Der jung weiß kunig fraget in seiner jugent gar oft von den kuniglichn geschlechten, dann er het gern gewist, wie ain jedes kuniglich und furstlich geschlecht von anfang herkumen were, darinnen er in seiner jugent kain erkundigung erfragen möcht. Darab er dann oft ainen verdrieß trueg, das die menschen der gedächtnuss so wenig acht nämen*...[11].

Diese beiden Begriffe »Herkommen« und »Gedächtnis« sind in ihrer Kombination gewissermaßen die exakte Zusammenfassung der geistigen und gesellschaftlichen Übergangssituation des 16. Jahrhunderts und ihres historiographischen Refle-

---

10 Bayerische Staatsbibliothek München Cgm 1292; zit. R. SEIGEL, Zur Geschichtsschreibung beim schwäbischen Adel in der Zeit des Humanismus. Aus den Vorarbeiten zur Textausgabe der Hauschronik der Grafen von Zollern, in: Zeitschrift für württembergische Landesgeschichte 40 (1981), 93–118, 95 Anm. 8. Vgl. auch den Titel von Ramingens Fürstenbergischer Hauschronik: »Zeyt-, Geschicht und Geschlecht Buech ... der Herren graven zu Furstenberg ... unt ettlicher derselben ehlicher Gemahelschaft, geburt, leben und absterben, auch Kinder und frundtschaften Sambt aller solcher Geschlechter allten und newen Insignien, an Plassonen, Schilden, Helmen und Helmklainatten, auch mit iren alt herkommen und loblich hergebrachten Dignitaten, Wurdinen, praeeminentien, Reputationen, Freyhaiten und Herrlichaiten und andere irthalben der gedächtnis wurdig thaaten, handlungen und sachen«; Fürstlich Fürstenbergisches Archiv Donaueschingen, Bestand Illustria OB 20, Vol. III, Fasz. 1², Bl. 3ʳ; zit. R. SEIGEL 1981, 102 Anm. 48. »Von anfang, namen, unnd herckhummen, des hailigen reichsstatt Schwebischen Gmund...« berichtet dem Titel nach Paul Goldstainers 1549/50 verfaßte Chronik von Schwäbisch Gmünd; vgl. K. GRAF, Gmünder Chroniken im 16. Jahrhundert. Texte und Untersuchungen zur Geschichtsschreibung der Reichsstadt Schwäbisch Gmünd, Schwäbisch Gmünd 1984, 239.
11 Maximilian I., Weisskunig. Nach den Diktaten und eigenhändigen Aufzeichnungen Kaiser Maximilians I. zusammengestellt von Marx Treitzsauerwein von Ehrentreitz. Hg. von A. SCHULTZ (Jahrbuch der kunsthist. Sammlungen des allerhöchsten Kaiserhauses 6), Wien 1888, 66.

xes[12]. Das neue bewußte Traditionsverhältnis des Humanismus, seine neue bewußte Traditionskritik, Traditionssicherung, Traditionsvermittlung und Traditionsaneignung geht darin allerdings auf einen ganzen Komplex sich wechselseitig bedingender Faktoren zurück, die die frühneuzeitliche Situation insgesamt bestimmen.

Da ist erstens die politische Entwicklung. Wenn die großen Herrschaftssubjekte nun eine systematische schriftliche Inventarisierung ihrer genealogischen, dynastischen und kulturellen Traditionen betreiben, so geschieht das im Bewußtsein eines nicht mehr funktionierenden beziehungsweise nicht mehr genügenden gesellschaftlichen Kollektivgedächtnisses einer vorwiegend oralen Kultur sowie im Zwang des Legitimations-, Repräsentations- und Identitätsbedürfnisses in der Konkurrenzsituation der frühneuzeitlichen gesellschaftlichen und politischen Differenzierungsbewegungen. Die Pflege des literarischen Gedächtnisses (memoria) ist in dieser Situation eine gesellschaftliche und politische Notwendigkeit geworden[13]. »Der werdende frühneuzeitliche Staat benötigt eine zielstrebige Akkumulation und kontrollierte Aneignung überlieferter Erkenntnisse, Erfahrungen, Regeln der politischen und sozialen Praxis, eine Inventarisierung von Rechtstiteln und -normen, eine Sicherung hergebrachter Legitimationsmuster. Wenn dieser Aneignungsprozeß noch ganz der Lebenspraxis einer traditionalen Gesellschaft entspricht, so ist zu bedenken, daß die systematische Sicherung und Aufarbeitung überlieferter Sinnbestände eine Voraussetzung für wissenschaftliche, künstlerische, gesellschaftliche Innovationen ist – für die Erfüllung der Aufgaben der neuzeitlichen Intelligenz, deren Ahnen die humanistischen Spezialisten für Traditionswissen sind«[14]. Wenn aber Legitimation, Repräsentation und Identität primär noch durch Verweis auf Ursprung, Alter und Kontinuität sowie durch das Eingefügtsein in den Kosmos der mittelalterlichen Welt gewährleistet zu werden scheinen, wenn Gegenwart und Vergangenheit noch ineinander überfließen, ja die Vergangenheit sich in sagenhafter Vorzeit verlieren kann, so hat sich umgekehrt dieses Geschichtsbewußtsein noch nicht aus der gewohnheitsrechtlich bestimmten oralen archaischen und religiösen Kultur des Mittelalters abgelöst. Von dort stammt letztlich auch der Begriff »Herkommen«, der in der humanistischen Historiographie »Abkunft, Abstammung, Herkunft, Ursprung und anschließende Geschlechterfolge« zusammenfaßt[15]. Erst Ende des 18., Anfang des

---

12 So faßt auch Aventin in der Vorrede zum 1. Buch seiner bis 1519 entstandenen Bayerischen Chronik seine historiographischen Bemühungen zusammen: ...*damit ich das alte herkummen des gar alten loblichen haus zu Baiern und desselben fürsten und kunigen groß taten in ewig gedächtnis brächte...*; Johannes Turmair's, genannt Aventinus, Bayerische Chronik, hg. v. M. Lexer, Bd. 1,1, München 1882, 6.
13 Vgl. dazu J.-D. Müller, Gedechtnus. Literatur und Hofgesellschaft um Maximilian I. (Forschungen zur Geschichte der älteren deutschen Literatur 2), München 1982, 80–95.
14 J.-D. Müller (wie Anm. 13), 89.
15 B. R. Jenny, Graf Froben Christoph von Zimmern. Geschichtsschreiber, Erzähler, Landesherr. Ein Beitrag zur Geschichte des Humanismus in Schwaben, Lindau/Konstanz 1959, 24, vgl. 24ff.; R. Seigel (wie Anm. 10); K. Graf (wie Anm. 10), 70ff.

19. Jahrhunderts sind jene Bedingungen gegeben, die den Traditionsbegriff zu einem historiographischen Grundbegriff werden ließen[16].

Von ebensolcher Bedeutung ist zweitens die sozioökonomische beziehungsweise soziokulturelle Entwicklung des Spätmittelalters: Die gesellschaftliche Differenzierung ist jetzt offensichtlich so weit fortgeschritten, daß die bisher im Alltagsleben immer noch dominierende orale Kultur an ihre Grenze stößt, eine zunehmende Verschriftlichung des Lebens einsetzt und das neue Orientierungsbedürfnis nach einer systematisch betriebenen literarischen Fixierung der überlieferten Sinnbestände verlangt. In diesem Zusammenhang steht auch die Erfindung des Buchdrucks und die Notwendigkeit von Spezialisten für solche literarischen Vermittlungsvorgänge[17]. Auch diese Entwicklungen wirken wieder auf das Traditionsbewußtsein und den Traditionsbegriff zurück. Indem nämlich im Zusammenhang dieses Literarisierungs- und Inventarisierungsprozesses die humanistische »sodalitas eruditorum« als die auf die Vermittlung von Traditionswissen spezialisierte Gruppe sich als eigene Traditionsinstanz ausgrenzt, können sich nun auch Authentizitätsfragen leichter von Relevanzfragen abkoppeln. Damit wird nicht nur einer systematischen Sammlung und Erforschung der vorliegenden Überlieferung der Weg geebnet, sondern auch die Frage historischer Glaubwürdigkeit und Zuverlässigkeit von Überlieferungen neben der Frage ihrer Relevanz zu einer eigenständigen Frage. Der württembergische Hofhistoriograph Oswald Gabelkover präsentiert sie in seiner Geschichte der Grafen von Helfenstein um 1600 bereits in einer systematisierten Form: *Aber was in historien ohne gewiße beweisung brieflicher urkund oder anderer glaubwürdiger anzaigung fürgebracht würdt, das gilt so viel, als wann einer in glaubenssachen ohne zeugnus hailiger schrifft, in iure sine legibus, in philosophia sine rationibus etwas fürbringt*[18]. Außerdem gewinnen die Traditionsinhalte durch ihre schriftliche Fixierung eine gewisse Selbständigkeit gegenüber ihrer Kommunikationssituation, das heißt gegenüber ihrem Autor und ihrem Leser/Hörer. Dieser Objektivierungsvorgang wiederum eröffnet die Möglichkeit der Distanz und der Kritik am Gegenstand. Durch die schriftliche Fixierung geschieht aber auch eine Entschränkung der Rezeptionsmöglichkeiten: Jeder, der lesen kann, kann nun diese Tradition für sich aneignen[19].

Von analoger Bedeutung ist drittens aber auch die kultur- und geistesgeschichtliche Entwicklung: Da die scholastische Bildungstradition des Mittelalters weder den neuen gesellschaftlichen und politischen Erfordernissen noch dem neuen kulturellen

---

16 Vgl. S. WIEDENHOFER (wie Anm. 2).
17 Vgl. E. L. EISENSTEIN, The Printing Revolution in Early Modern Europe, Cambridge 1983.
18 Fürstlich Fürstenbergische Hofbibliothek Donaueschingen HS 591, Bl. 5ʳf.; zit. R. SEIGEL (wie Anm. 10), 103 Anm. 53.
19 Zur Bedeutung der Schriftlichkeit für die Kommunikationssituation vgl. P. RICŒUR, Philosophische und theologische Hermeneutik, in: P. RICŒUR/E. JÜNGEL, Metapher. Zur Hermeneutik religiöser Sprache, München 1974, 24–45, 27ff.

Zeitgefühl entsprach, konnten sich das literarisch-praktische Bildungswissen der rhetorischen Tradition und das ästhetisch-praktische Kunstwissen der antiken Poesietradition, die beide nie ganz abgerissen waren, jetzt als neue, zeitgemäße, gesellschaftsdienliche und ästhetische Kulturvermittlungsformen etablieren. Auch in dieser Auseinandersetzung der neuen humanistischen Kultur mit der alten scholastischen Kultur wurde das Traditionsverhalten notwendigerweise mitthematisiert, zumal der Humanismus sich dezidiert auf die vergangene Kultur der Antike als Traditionsnorm bezog[20]. Damit ist nun zugleich auch der Rahmen markiert, in dem sich das reformatorische Traditionsverständnis entfaltete.

Vom humanistischen zum reformatorischen Traditionsverständnis

Die Komplexität der reformatorischen Auseinandersetzung

Gewiß, die reformatorische Auseinandersetzung ist letztlich eine religiöse und theologische Auseinandersetzung. Auch das Traditionsverständnis und Traditionsverhältnis ist zuletzt durch religiöse Intuitionen und bereits durch die Theologiegeschichte bereitgestellte theologische Alternativen bestimmt. Doch darf dabei nicht vergessen werden, daß die religiöse Auseinandersetzung der Reformationszeit, speziell auch was das Traditionsverständnis betrifft, immer eingebettet bleibt in die Gesamtbedingungen der Zeit. So ist zum Beispiel in der Kirchenkritik humanistischer und reformatorischer Theologie zu Beginn des 16. Jahrhunderts die Ausdifferenzierung der Traditionssubjekte als Möglichkeitsbedingung mitenthalten, jedenfalls in dem Sinn, daß jetzt erst diese Art der Kirchenkritik effizient und folgenreich werden kann. So ist zum Beispiel im Schriftprinzip humanistischer und reformatorischer Theologie der frühneuzeitliche Übergang zur Schriftkultur als Möglichkeitsbedingung mitenthalten. Solange die Heilige Schrift innerhalb einer vorwiegend mündlichen Kultur tradiert worden ist (das ist faktisch bis zum Ende des Mittelalters der Fall), ist eine wirkliche und wirksame Entgegensetzung von Schrift und Tradition unmöglich. Die personenbezogene mündliche Kommunikation garantiert ja von vorneherein eine gewisse Identität von Kommunikationsgemeinschaft und Überlieferung. Mit anderen Worten: In der religiösen Auseinandersetzung des 16. Jahrhunderts bleiben die gesellschaftlichen, politischen, wirtschaftlichen und kulturellen Umbrüche dieser Übergangszeit ständig präsent. Die ökumenische Fragestellung müßte diesen Sachverhalt vielleicht noch stärker als bisher berücksichtigen.

---

20 Vgl. S. WIEDENHOFER, Formalstrukturen humanistischer und reformatorischer Theologie bei Philipp Melanchthon, Bd. 1, Bern/Frankfurt/München 1976, 430–450, 472–483. Oder am Beispiel des frühesten gedruckten Gedichtes von Conrad Celtis: W. BARNER, Über das Negieren von Tradition. Zur Typologie literaturprogrammatischer Epochenwenden in Deutschland, in: R. HERZOG/R. KOSELLECK (wie Anm. 8), 3–51, 16–22.

Das reformatorische Traditionsverhalten und seine theologiegeschichtlichen Voraussetzungen

Das reformatorische Traditionsverhalten verdankt sich letzten Endes zweifelsohne einer spezifisch religiösen Inspiration und Erfahrung. Philipp Melanchthon hat es zum Beispiel öfter auf diese oder ähnliche Weise ausgedrückt: Durch Martin Luther ist in dieser Zeit das Evangelium wieder entdeckt worden[21]. Freilich, auch die Reformatoren haben nicht einfach beim Punkt Null begonnen, sondern leben, denken und glauben aus einer langen Geschichte der Kirche und Theologie heraus, in der bereits bestimmte Denk- und Handlungsalternativen vorbereitet waren, die durch die neuen Glaubenserfahrungen und die neuen Umstände nun ganz bestimmte Aktualisierungschancen erhalten. Man könnte diese dialektische Verbindung von neuen Glaubenserfahrungen und alten Fragestellungen etwa folgendermaßen zusammenfassen: Den Reformatoren des 16. Jahrhunderts war in einer neuen unmittelbaren Begegnung mit der lebensschaffenden Kraft des biblisch bezeugten Evangeliums die bisherige (mittelalterliche) kirchliche Vermittlungsgestalt des Glaubens problematisch geworden. Weil aber jede Erneuerung des Glaubens und der Kirche an ihre geschichtlichen Bedingungen gebunden bleibt, weil keine Reform einfach aus der Geschichte heraustreten kann, deshalb ist es nicht verwunderlich, wenn auch im 16. Jahrhundert grundlegende theologische Differenzierungen des Mittelalters wirksam bleiben, wenn dies auch den Akteuren selbst weitgehend verborgen geblieben ist: Die reformatorische Bewegung hat in einer dialektischen Reaktion auf den Haupttrend der mittelalterlichen Entwicklung, nämlich die drohende Verselbständigung der kirchlichen Vermittlung und der kirchlichen Gegenwart, die Reformmöglichkeit jetzt umgekehrt in einer bewußten und strengen Überordnung des Vermittelten, das heißt des Wortes Gottes, über seine kirchliche Vermittlung und des authentischen apostolischen Ursprungs, das heißt der Heiligen Schrift, über die kirchliche Gegenwart und Vergangenheit zu fundieren versucht und ist deshalb zu einer neuartigen Aktualisierung der beiden, in der Väterzeit entwickelten und seither geläufigen Traditionsbegriffe (beziehungsweise der beiden Seiten des herkömmlichen Traditionsbegriffes) gekommen[22]. »Dialektisch« ist diese Reaktion deshalb zu nennen, weil sie auch noch in der Negation des Alten, das heißt in ihrer Neuheit, an das Alte gebunden bleibt. Mit anderen Worten: Neu ist der Traditionsbegriff der Reformation in der Wahl und der Weiterentwicklung der Alternative; nicht in gleicher Weise im Belieben dagegen steht die Konstellation der Alternative, die dieser Wahl zugrunde liegt. Diese ist im Mittelalter entstanden (war also eine mittelalterliche Neuerung); sie wird von den Reformatoren mitübernommen (und ist insofern

---

21 Vgl. etwa S. WIEDENHOFER (wie Anm. 20), Bd. 2, 123 Anm. 19; 212 Anm. 13.
22 Ausführlicher dazu S. WIEDENHOFER (wie Anm. 20), Bd. 1, 306–313; DERS., Bekenntnis, Schrift, Tradition. Zu Form, Funktion und Kriterien der Confessio Augustana, in: Theologie und Philosophie 55 (1980), 161–203, bes. 200f.

durchaus traditionell). Was ist mit der mittelalterlichen Differenzierung im Traditionsbegriff, mit der neuen mittelalterlichen Alternative gemeint? In der Folge der doppelseitigen Verschiebung des Interessenschwerpunktes vom aktuellen Handeln Gottes zur kirchlich-amtlichen Vermittlung des Glaubens und vom Ursprung zur Gegenwart der Kirche, die sich im 12./13. Jahrhundert mit einer gewissen geschichtlichen Notwendigkeit aufgedrängt hatte, wurde nämlich eine Verhältnisbestimmung unter den verschiedenen Elementen der Glaubensüberlieferung und damit eine Differenzierung im Traditionsbegriff auf die Dauer unerläßlich. Ende des 13. Jahrhunderts taucht dann bereits die explizite Frage auf, die in der Väterzeit ganz und gar undenkbar ist: Wo ist die höhere Autorität? Bei der Kirche beziehungsweise dem Papst oder bei der Heiligen Schrift[23]? Insofern der doppelseitige reformatorische Traditionsbegriff diese Entwicklung voraussetzt und diese Alternative akzeptiert, ist er zugleich neu und traditionell. Dies bleibt noch im einzelnen zu zeigen.

Der theologische Normbegriff der Tradition beziehungsweise die normative Seite des Traditionsbegriffs, nämlich die durch Gottes Sendung und Auftrag und in der Autorität Christi erfolgende kirchliche Verkündigung des Evangeliums, die jedem Glauben und jeder Gottbegegnung ermöglichend vorausgehen muß, spielt in der reformatorischen Theologie als einer christlichen Theologie naturgemäß eine zentrale Rolle. Darin ist sie ganz traditionell. Neu ist, daß dieser normative Traditionsbegriff – auf dem Hintergrund der mittelalterlichen Differenzierungsvorgänge und kritisch gegen sie gewandt – nun erneut spiritualisiert, transzendentalisiert, existentialisiert und zugleich streng an das biblisch bezeugte Offenbarungshandeln Gottes in Christus zurückgebunden wird. Das heißt, im glaubenstradierenden kirchlichen Verkünden des Evangeliums wird nun in Umkehrung des mittelalterlichen Gesamttrendes das aktuelle, unverfügbare Heilshandeln des transzendenten Gottes und seine mich, den Sünder hier und jetzt allein durch das Verheißungswort des Evangeliums verwandelnde Kraft in den Mittelpunkt gerückt, während die Handlungsbefugnis der Repräsentanten der empirischen Kirche relativiert und überhaupt die institutionelle kirchliche Vermittlungsgestalt streng funktionalisiert wird: sie sind bloßes Instrument göttlichen Handelns und haben nur insofern Autorität und Bedeutung, als sie den reinen Dienst der geschichtlichen Vermittlung leisten. Die einzige Stelle, wo das geschichtliche Heils- und Offenbarungshandeln Gottes eine identifizierbare irdische Gestalt annimmt, ist das Wort der Heiligen Schrift, das folglich aller späteren kirchlichen Tradition als ständiger Maßstab vorausgesetzt bleibt. Dadurch erfährt diese zwangsläufig eine weitere Relativierung und Funktionalisierung. Zusammengefaßt: Hinsichtlich seiner normativen Seite erhält der reformatorische Traditionsbegriff seine Besonderheit durch die neuentdeckte religiöse Grunderfahrung des Heilshandelns Gottes allein aus Gnade und durch die

---

23 Vgl. H. SCHÜSSLER, Der Primat der Heiligen Schrift als theologisches und kanonistisches Problem im Spätmittelalter (Veröffentlichungen des Instituts für europäische Geschichte 86), Wiesbaden 1977.

bestimmte geschichtliche Situation der Reformnotwendigkeit, der Traditionskritik und Polemik. Welche Gestalt dieser Traditionsbegriff im einzelnen annehmen mag: ob zum Beispiel gesagt wird, das eigentliche Traditionssubjekt bleibe immer Gott selbst; oder gesagt wird: jede kirchliche Vermittlung sei an ihrem Gegenstand, dem Evangelium, zu messen; oder: Gottes Wort könne durch kein menschliches Gesetz geändert werden, immer ist darin die erneute religiöse und theologische Einsicht an die bestimmte geschichtliche Reformsituation und an die dort geltenden geschichtlichen Denk- und Handlungsalternativen gebunden. Erst wo dieser Zusammenhang generalisiert und systematisiert wird, beginnt die Konfessionalisierung des Traditionsbegriffs [24].

In entsprechender Weise wird nun der zweite, mehr deskriptive Traditionsbegriff beziehungsweise die zweite, mehr deskriptive Seite des Traditionsbegriffs jetzt negativ aufgeladen. Die konkreten traditionellen kirchlichen Gewohnheiten und Ordnungen sind von Menschen erfundene und gesetzte, nicht von Gott herkommende Praktiken, die entweder dem Willen Gottes offen widersprechen oder – sofern sie als äußerliche Zeremonien und Ordnungen notwendig sind – ihre Heilsbedeutung verlieren. Gerade im Kontext der polemischen Auseinandersetzung mit dem altgläubigen theologischen Gegner oder im Zusammenhang des Reformpathos werden solche kirchlichen Traditionen regelmäßig kritisiert oder relativiert, und zwar vom Beginn der reformatorischen Bewegung an, wie etwa Luthers Kritik an der mittelalterlichen Kirche in Augsburg 1518 zeigt [25]. Daß menschliche Erfindungen, *impiorum hominum opiniones et traditiones*, an die Stelle des Wortes Gottes getreten sind, wird von nun an immer einer der Hauptvorwürfe der Reformatoren bleiben [26]. Die seit den zwanziger Jahren erfolgende Eindeutschung von *traditio* als Parallelausdruck zu Menschensatzung, Zeremonie und ähnlichem [27] erreicht ihren geschichtsmächtigen Ausdruck in der Confessio Augustana 1530: *Von Kirchenordnungen, von Menschen gemacht, lehret man diejenigen halten, so ohn Sund mugen gehalten*

---

24 Zu diesem Traditionsbegriff (mit besonderer Berücksichtigung Melanchthons) vgl. S. WIEDENHOFER (wie Anm. 20), Bd. 1, 247–313; DERS. 1980 (wie Anm. 22). Zur abendländischen Vorgeschichte DERS. (wie Anm. 2).
25 M. LUTHER, Acta Augustana 1518: *Hinc, relictis sacris literis et acceptis traditionibus verbisque hominum, factum est, ut Ecclesia Christi non mensura tritici pascatur nec verbo Christi, sed non raro temeritate et voluntate alicuius indoctissimi adulatoris regatur, et eo profecerit nostrae infoelicitatis magnitudo, ut ad revocationem et abnegationem fidei christianae et sacratissimae scripturae incipiant compellere* (WA 2,17).
26 M. LUTHER, De captivitate Babylonica ecclesiae praeludium 1520 (WA 6,521 f.).
27 Einen der frühesten Belege liefert die 1521 in Basel anonym erschienene reformatorische Flugschrift »Vom alten und nüen Gott, Glauben und Ler« gleich zu Beginn der Vorrede: *Dwil das gsant schwert ... zu vnseren zyten sich erneweret hat, vom behalt der scheyden (das ist von menschlicher wißheyt, tradition, cerimonie, angenommener heyligkeit) vrplutzling sich entblosset...* (Flugschriften aus der Reformationszeit 12 = Neudrucke deutscher Literaturwerke des XVI. und XVII. Jahrhunderts 142/143, Halle 1896, 2). Vgl. auch die Belege bei H. SCHULZ, Deutsches Fremdwörterbuch, fortgeführt von O. BASLER, Bd. 5 (1980), 337.

werden und zu Frieden und guter Ordnung in der Kirche dienen, als gewisse Feier, Feste und dergleichen. Doch geschieht Unterricht dabei, daß man die Gewissen nicht damit beschweren soll, als sei solch Ding nötig zur Seligkeit. Darüber wird gelehret, daß alle Satzungen und Traditionen, von Menschen dazu gemacht, daß man dadurch Gott versuhne und Gnad verdiene, dem Evangelio und der Lehre vom Glauben an Christum entgegen seind. Derhalben sein Klostergelübde und andere Traditionen von Unterschied der Speise, Tage etc., dadurch man vermeint, Gnad zu verdienen und fur Sünde genug zu tun, untüchtig und wider das Evangelium[28]. Die notwendige historische Kontinuität der kirchlichen Glaubensüberlieferung ist in der reformatorischen Theologie damit keineswegs ganz aufgegeben. In umgekehrten Konfliktlagen, wie etwa in der Auseinandersetzung mit den Schwärmern, kann sie als Selbstverständlichkeit durchaus wieder in den Vordergrund treten. Im Sendschreiben an Herzog Albrecht von Preußen 1532 formuliert es Luther zum Beispiel so: *Ich wolt lieber nicht allein alle Rottengeister, sondern aller Keiser, König und Fürsten weisheit und recht widder mich lassen zeugen, denn ein jota odder einen tüttel der gantzen heiligen Christlichen Kirchen widder mich hören odder sehen. Denn es ist ja nicht so zuschertzen mit Artickeln des glaubens von anfang her, und so weit die Christenheit ist, eintrechtiglich gehalten. Wie man schertzen mag mit Bepstlichen oder Keiserlichen rechten odder andern menschlichen tradition der Veter odder Concilien*[29]. Infolge der Dominanz der Auseinandersetzung mit der mittelalterlichen Kirche bleiben freilich Traditionsgedanken und Traditionsbegriff auf der Ebene geschichtlich-empirischer Vermittlung fürs erste einmal weitgehend abgeblendet.

Bedeutung und Wirkung

Bedeutung und Wirkung des reformatorischen Traditionsverhaltens sind von komplexer, dialektischer, in gewisser Hinsicht geradezu widersprüchlicher Natur. Auf der einen Seite enthält dieses Traditionsverhalten durch seine fundamentale Infragestellung der bisherigen kirchlichen Tradition eine solche Sprengkraft, daß es unter anderem auch dadurch – gegen die Intention der Reformatoren – zur Kirchenspaltung des 16. Jahrhunderts kommt.

Auf der anderen Seite ist dieses Traditionsverhalten aber gerade durch die mittelalterlichen Differenzierungen ermöglicht und mitbedingt. Unterscheidungen, wie etwa zwischen Schrift und Tradition, biblischem Offenbarungszeugnis und kirchlicher Überlieferung, Autorität der Schrift und Autorität des kirchlichen Amtes, Ursprung und Gegenwart, Innen und Außen, Sichtbar und Unsichtbar usw., gab es auch schon in der Väterzeit, aber zu ernsthaften Alternativen wurden solche Unterscheidungen erst im Mittelalter, als die Selbstthematisierung und Selbstbe-

---

28 Augsburgische Konfession XV, in: Die Bekenntnisschriften der evangelisch-lutherischen Kirche, Göttingen 4. Aufl. 1959, 69 ff.
29 WA 30, 553.

wußtwerdung des kirchlichen Überlieferungssubjektes durch die neuen geschichtlichen Umstände unumgänglich wurde. Denn die enorme Komplexitätssteigerung im Innern der Kirche zwang zur Klärung der Entscheidungsinstanzen und ihrer rechtlichen Befugnis, während die drohende Gefahr der politischen Funktionalisierung des Glaubens durch den christlichen Kaiser zur Ausbildung einer auch politisch ebenbürtigen kirchlichen Zentralgewalt führte. Es war nicht zuletzt dieser für die neuzeitliche Entwicklung so entscheidende Differenzierungsvorgang zwischen dem Bereich des Religiösen und dem Bereich des Politischen, der im Kampf zwischen Papsttum und Kaisertum zwar zur Befreiung der Kirche von der Umklammerung durch die politischen Instanzen, aber in dialektischer Konsequenz auch zu einer Politisierung, Juridisierung und Verabsolutierung der Kirchenstrukturen und Traditionsinstanzen geführt hat.

Genau dieser Entwicklung gilt umgekehrt die Hauptkritik der Reformation, wenn sie die mittelalterliche Kirche als päpstliche Tyrannei verurteilt, die das Evangelium gefangenhält und eine Reform der Kirche durch das Evangelium unmöglich macht, und wenn sie die mittelalterliche Entwicklung als illegitime Neuerung und als Abfall vom wahren alten Glauben, wie er in der Schrift bezeugt ist, brandmarkt. Diese dialektische Umkehrung und Verschärfung des mittelalterlichen Traditionsverhaltens legte sich gerade deshalb nahe, weil es unter Zugrundelegung der inzwischen gedanklich etablierten Alternativen die einzige Möglichkeit zu bieten schien, die bisherige defiziente theologische und kirchliche Tradition kritisieren und eine Reform des kirchlichen Lebens und der Theologie legitimieren zu können[30].

Gegen diese fundamentale Traditionskritik hat das Konzil von Trient in seiner Sessio IV 1546 (nun auch seinerseits die zugrunde liegenden Alternativen akzeptierend) umgekehrt wieder die mittelalterliche Traditionslinie aktualisiert, um damit die prinzipielle Legitimität der bisherigen kirchlichen Glaubensüberlieferung – die nicht direkt in der Schrift begründete liturgische Praxis und Kirchenordnung eingeschlossen – zu betonen, weil man in der reformatorischen Kritik die Kirchlichkeit der Glaubensvermittlung überhaupt in Frage gestellt und die Wahrheit Gottes der beliebigen Rezeption des Individuums preisgegeben sah. Damit schrieb das Konzil zugleich den katholischen Traditionsbegriff (»traditio« beziehungsweise »Tradition«) im Sinne »mündlicher (apostolischer) Glaubensüberlieferung« für die Neuzeit

---

30 Anschaulich zu verfolgen besonders in der durch Polemik geprägten Frühzeit der Reformation; vgl. etwa H.-G. HOFACKER, »Vom alten und nüen Gott, Glauben und Ler«. Untersuchungen zum Geschichtsverständnis und Epochenbewußtsein einer anonymen reformatorischen Flugschrift, in: Kontinuität und Umbruch. Theologie und Frömmigkeit in Flugschriften und Kleinliteratur an der Wende vom 15. zum 16. Jahrhundert, hg. von J. NOLTE/H. TOMPERT/Ch. WINDHORST (Spätmittelalter und frühe Neuzeit. Tübinger Beiträge zur Geschichtsforschung 2), Stuttgart 1978, 145–177; H. SCHEIBLE, Das reformatorische Schriftverständnis in der Flugschrift »Vom alten und nüen Gott«, ebd., 178–188.

fest³¹. Auf diese Weise ist die konfessionelle Kontroverse des 16. Jahrhunderts um den Traditionsbegriff zugleich das Resultat der mittelalterlichen Entwicklung und ihre Beendigung in einer alternativen konfessionellen Neuentwicklung, die bis in die Mitte des 20. Jahrhunderts fortdauern wird und die bis heute theologisch noch nicht restlos bereinigt ist³². Deshalb konnten sich auch die Gegner des 16. Jahrhunderts gegenseitig der unerlaubten Neuerung bezichtigen und sich selbst als Repräsentanten der alten, ursprünglichen Botschaft des Evangeliums verstehen.

Der neuzeitliche Traditionsbegriff ist zwar nicht mit dem humanistischen und reformatorischen Traditionsbegriff identisch; ja er überschreitet diese nochmals in einer dialektischen Weiterentwicklung. Aber ohne das religiöse Ringen des 16. Jahrhunderts hätte er sich so nicht entfalten können. Dadurch, daß hier alle nachbiblische Glaubensüberlieferung als Gegenbegriff zur authentischen geschichtlichen Offenbarung zusammengedacht worden war, daß der Verantwortungscharakter und Verpflichtungscharakter der rechten Verkündigung des Evangeliums in den Mittelpunkt gerückt worden war, daß jede Überlieferungstätigkeit auf das ursprüngliche schriftliche Offenbarungszeugnis und ihren Wahrheits- und Rezeptionsanspruch bezogen und die Erneuerung von Leben und Lehre zusammen mit der Kritik und der Überschreitung bisheriger defizienter Überlieferungsformen als ständige Aufgabe der Kirche betrachtet worden war, wurde hier langsam eine Vorstellung entwickelt, für die später unter Einbeziehung ganz anderer Erfahrungen und Umstände der Traditionsbegriff einspringen konnte: als Bezeichnung der subjektiven Seite des Prozesses der Geschichte überhaupt, die durch das ständige Miteinander und Gegeneinander von alt und neu, Rezeption und Kritik, Rückschritt und Fortschritt, Bewahrung und Innovation strukturiert ist.

---

31 Das Konzil ist nämlich überzeugt, daß die offenbarte Heilswahrheit und Heilsordnung enthalten ist *in libris scriptis et sine scripto traditionibus, quae ab ipsius Christi ore ab apostolis acceptae, aut ab ipsis apostolis Spiritu sancto dictante quasi per manus traditae ad nos usque pervenerunt, orthodoxorum patrum exempla secuta, omnes libros tam veteris quam novi testamenti, cum utriusque unus Deus sit auctor, nec non traditiones ipsas, tum ad fidem, tum ad mores pertinentes, tamquam vel oretenus a Christo, vel a Spiritu sancto dictatas et continua successione in ecclesia catholica conservatas, pari pietatis affectu ac reverentia suscipit et veneratur* (J. ALBERIGO u. a. [Hg.], Conciliorum oecumenicorum decreta, Bologna 3. Aufl. 1973, 663, 15 ff.). Zum Hintergrund vgl. J. BEUMER, Der Begriff der »traditiones« auf dem Trienter Konzil im Lichte der mittelalterlichen Kanonistik, in: Scholastik 35 (1960), 342–362; W. KOCH, Der Begriff traditiones im Trienter Konzilsdekret der Sessio IV, in: Theologische Quartalschrift 132 (1952), 46–61, 193–212.
32 Eine gute Darstellung dieser konfessionellen Traditionsbegriffe bei H. HOLTZMANN, Tradition, in: Real-Enzyklopädie für protestantische Theologie und Kirche, Bd. 16 (1862), 280–297; E. MICHELIS, Tradition, in: H. J. WETZER/B. WELTE, Kirchenlexicon oder Encyclopädie der katholischen Theologie und ihrer Hilfswissenschaften, Bd. 11 (1854), 116–125. Zur gegenwärtigen ökumenischen Situation des Traditionsproblems vgl. H. MEYER, Die ökumenische Neubesinnung auf das Überlieferungsproblem. Eine Bilanz, in: V. VAJTA (Hg.), Evangelium als Geschichte, Göttingen 1974, 187–219.

Ausblick

Das ist überhaupt die Lektion, die die Moderne immer gründlicher gelernt hat: Tradition ist unerläßlich und vorläufig zugleich, weshalb ihre konkrete Bedeutung und Notwendigkeit von der geschichtlichen Situation abhängt. Herrscht oberflächliche Originalitätssucht oder Orientierungslosigkeit, muß die Traditionsabhängigkeit der Vernunft in Erinnerung gerufen werden. Erstarrt das Denken in epigonaler Wiederholung des Alten, ist die Schärfe der Kritik und die Kühnheit utopischer Entwürfe gefordert. So kann zum Beispiel Hegel, der wie kaum ein anderer die Geschichte als Fortschritt, das heißt als den fortschreitenden Prozeß des zu-sich-selber-kommenden Geistes verstanden hat, die Aufgabe des Wissenschaftlers beziehungsweise Hochschullehrers geradezu auf Traditionsvermittlung reduzieren: *Lehrer an Universitäten und andern Anstalten haben zunächst keine andere Pflicht zu erfüllen, als eine solche gedachte Kenntniß dessen; was da ist, zu besitzen und sie Andern zu wiederholen. Was sie weiter thun in Ansehung des Inhalts ist, wenn es nicht etwa zweideutig und noch mehr ist, wenigstens unbeträchtlich gegen die Masse dessen, was sie der Tradition verdanken. Und die Bedingung, um die Wissenschaft weiter zu bringen, ist immer: sich in die vorhandene Wissenschaft einstudiert zu haben*[33].

Insofern wird gerade in der Gegenwart immer wieder mit Recht die Notwendigkeit des Traditionsbezuges und der Traditionsaneignung hervorgehoben. Denn je weiter die Säkularisierung, Pluralisierung, Technologisierung und Bürokratisierung der modernen Gesellschaften voranschreitet, um so schwieriger wird der politische und kulturelle Konsens, um so größer wird die Sinn- und Orientierungskrise, und um so anfälliger wird das heimatlose Bewußtsein für die alternative Kompensation in Konformismus oder Okkultismus[34]. Ein kürzlich erschienener großer Zeitungsbeitrag des bekannten englischen Zeithistorikers Allan Bullock über »Aussichten auf Europa« trägt deshalb bezeichnenderweise den Untertitel: »Wenn sich die Kommunikationsgesellschaft auf ihre geistigen Traditionen besinnt, ist eine Renaissance der europäischen Kultur möglich«[35]. Insofern ist auch die Stiftung des Melanchthon-Preises durch die Stadt Bretten eine wirklich zukunftsweisende und fortschrittliche kulturpolitische Entscheidung und Initiative.

Humanismus und Reformation, deren Erforschung und Vermittlung dieser Preis vor allem fördern will – in der Gestalt Philipp Melanchthons sind beide ja in paradigmatischer Weise miteinander vereinigt –, lehren uns in unterschiedlicher

---

33 G. W. F. Hegel, Über die Einrichtung einer kritischen Zeitschrift, in: Sämtliche Werke. Jubiläumsausgabe, Bd. 20, 3. Aufl. 1958, 40.
34 Vgl. P. L. Berger / B. Berger / H. Kellner. Das Unbehagen in der Modernität, Frankfurt / New York 1975. P. L. Berger, Der Zwang zur Häresie. Religion in der pluralistischen Gesellschaft, Frankfurt 1980.
35 In: Die Zeit Nr. 1, 1.1.1988, 9f.

Weise aber auch dies: Genaugenommen gibt es weder Tradition noch Fortschritt allgemein. Es gibt gute und schlechte, bessere und schlechtere Traditionen. Mit anderen Worten: Keine Traditionsvermittlung kommt ohne die Wahrheitsfrage aus. Traditionsbezug und Traditionsaneignung sind unlösbar mit der Frage nach der Wahrheit des Menschen und der Wahrheit der Welt verbunden, die wiederum nach der evidenten Erfahrung des Gläubigen nicht von der Frage nach der Wahrheit Gottes getrennt werden können. Tradition ohne Wahrheitsanspruch und ohne Streit um die Wahrheit muß zur puren Gewohnheit und Routine verkommen.

Was die zerbrochene Einheit der christlichen Tradition betrifft, die vom 16. Jahrhundert an in zwei sich heftigst bekämpfenden konfessionellen Gestalten vorliegt, die sich gegenseitig der illegitimen Neuerung bezichtigen, so müssen wir heute zweifellos von der Auseinandersetzung des 16. Jahrhunderts auch noch in anderer Weise lernen. Reformation und neuzeitlicher Katholizismus haben beide das Mittelalter zurückgelassen und überschritten. Ihr Gegensatz ist aber in den beiderseits akzeptierten mittelalterlichen Voraussetzungen wesentlich mitbegründet. Wenn wir heute diesen Gegensatz in eine versöhnte Christenheit hinein überschreiten wollen, dann müssen wir uns gemeinsam jenem Alten zuwenden, das uns offensichtlich zugleich miteinander verbindet und untereinander trennt. Ohne solches gemeinsames Durchforschen, Durchschreiten und Rezipieren der mittelalterlichen Vorgeschichte der Kirchenspaltung und der christlichen Gesamttradition insgesamt wird es keine Einheit der Christen geben.

Da einer solchen gemeinsamen Rezeption der christlichen und kirchlichen Glaubenstradition das Faktum der Reformation, das Faktum der Kirchenspaltung und das Faktum der getrennten Christenheit entgegensteht, da mit diesem Faktum so lange ein divergierender Traditionsbezug, eine divergierende Rezeptionsperspektive verbunden bleibt, solange es nicht selbst eine angemessene und gemeinsame geistliche und theologische Würdigung erfährt, gehört die gemeinsame geschichtstheologische Anerkennung dessen, was im 16. Jahrhundert geschehen ist, zu den Grundvoraussetzungen eines versöhnten christlichen Traditionsverständnisses. Erst wenn Reformation und Kirchenspaltung gemeinsam als Gericht und Gnade Gottes angenommen werden, für die eigene Konfession, Tradition und Kirche vor allem als Gericht, für die ganze Kirche aber als Gnade und Verheißung, wird auch ein gemeinsamer Traditionsbezug möglich, der die positiven Seiten der konfessionellen Traditionen nicht mehr aufhebt, sondern sie als Verschiedenheit in Einheit neu zur Geltung bringt. Daß die Stadt Bretten ihren Melanchthonpreis auf Vorschlag der entsprechenden Auswahlgremien gleich beim ersten Mal einem katholischen Theologen verliehen hat, sehe ich als hoffnungsvolles Zeichen dafür an, daß wir auf diesem gemeinsamen Weg vorwärts und rückwärts doch schon ein ganzes Stück vorangekommen sind. Ich betrachte es zugleich als Ermunterung und ernste Verpflichtung, auf diesem Weg weiterzugehen.

Podiumsdiskussion »Melanchthon – noch aktuell?«

Die fast zweistündige Diskussion wurde vom Herausgeber auf die wesentlichen Diskussionspunkte »Ökumene«, »Bildungsbegriff« und »landesherrliches Kirchenregiment« gekürzt und den Teilnehmern zur Korrektur vorgelegt; Herr Prof. Dr. Pfnür erweiterte seine Beiträge durch Quellenbelege.

Leitung: Dr. Leonhard Müller, Oberschulamtspräsident a. D., Karlsruhe
Teilnehmer: Prof. Dr. Siegfried Wiedenhofer, Universität Frankfurt
Prof. Dr. Wilhelm H. Neuser, Universität Münster
Prof. Dr. Vinzenz Pfnür, Universität Münster
Oberkirchenrat Dr. Konrad von Rabenau, Evangelische Kirche der Union (DDR)
Dr. Heinz Scheible, Melanchthon-Forschungsstelle Heidelberg
Dr. Rainer Vinke, Institut für Europäische Geschichte Mainz

Müller: Das Fragezeichen unseres Diskussionstitels »Melanchthon – noch aktuell?« ist gewiß ernstzunehmen und nicht nur rhetorisch gemeint. Immerhin sind schon über 400 Jahre vergangen seit Melanchthons Zeiten, vieles trennt uns, doch dies ist nur die halbe Wahrheit. Um eine Aktualität Melanchthons, die sich mir aufdrängt, aufzuzeigen, will ich einen Stein ins Wasser werfen: 15./16. Jahrhundert, eine Zeit wachsender Emotionalität, ein neues Weltbild in physikalisch-astronomischer Hinsicht, Entdeckungen wie zum Beispiel die Amerikas durch Kolumbus, der Weltmarkt orientiert sich weg vom Mittelmeer hin zu den Ozeanischen Meeren, neue Medien werden gefunden (Stichwort Buchdruck), neue politische Strukturen, ein Kaisertum geht vielleicht dem Ende entgegen, jedenfalls Karl V. resigniert zum Schluß, die Landesherren, die partikularen Kräfte werden mächtiger denn je. In all diesen Wirren ein kleiner und schmächtiger Mann, der sich ein hartes Leben aufbürdet, morgens um 2 Uhr aufsteht, Bibel liest, seine riesige Korrespondenz bewältigt, um 7 Uhr eine Hausandacht mit der Familie hält und dann sein langes Tageswerk vollzieht, ein Intellektueller, der sich im Gegensatz zu Humanisten wie Erasmus, Reuchlin und anderen, von denen man flapsig sagen könnte: sie spitzen manchmal den Mund, ohne zu flöten, zu einer Sache bekennt und Partei ergreift. Nicht von ungefähr hat er sich mit seinem Großonkel Reuchlin ja auch überworfen. Ein deutscher Intellektueller, der handelt: Ist das nicht schon etwas Seltsames? Etwas Ungewöhnliches in der Geschichte des deutschen Geistes?! Ein Theologe, der politisch handeln mußte, zum Beispiel bei der Abfassung der Confessio Augustana, als er die jeweiligen Landesherren als Notbischöfe, Kirchenobere etabliert sehen wollte. Dadurch stellte er eine ganz entscheidende Weiche für die Geschichte des Protestantismus, eine Entscheidung, die im 19. Jahrhundert zu der bekannten Symbiose von Thron und Altar führte. Nicht ohne Grund hat ein badischer Großherzog das Brettener Melanchthonhaus subventioniert. So wurde die Grundlage gelegt für das enge Verhältnis von Kirche und Staat, ein Verhältnis, das im Laufe der Jahrhunderte keineswegs problemlos oder konfliktfrei war, ein Verhältnis, dessen aktuelles Konfliktpotential wir heute besonders in den Debatten um den kirchlichen Einfluß in der DDR sehen können. Zweifelsohne war Melanchthon ein großer Philologe und Pädagoge, das steht ganz außer Frage, aber ich will einmal auf die politische Dimension seines Wirkens, auf die aktuell-politische Dimension seiner Tätigkeit hinweisen.

Wiedenhofer: Es ist, so glaube ich, einseitig, die Anbindung der Kirchenleitung an die politischen Instanzen in die Verantwortlichkeit Melanchthons zu bringen. Denn Melanchthon war d e r Reformator, der sich am längsten gegen eine solche Entwicklung gewehrt hat; gerade Melanchthon hat ja lange Zeit versucht, am bisherigen Bischofsamt festzuhalten, auch gegen die Kritik seiner evangelischen Freunde. Bei diesem Komplex besteht seine Aktualität also gerade darin, daß er die Gefährlichkeit eines zu engen Verhältnisses von Kirche und Staat gesehen hat. Lassen Sie mich aber noch einige weitere Vorschläge machen, wo heute die Aktualität Melanchthons zu sehen ist:

1. Melanchthon ist ganz entscheidend für die Bestimmung des Reformatorischen, eben auch des heutigen Gehalts des Reformatorischen.

2. Melanchthon ist hochaktuell in der Frage der Einigung der Christen; man hat ihn nicht zu Unrecht als die größte ökumenische Gestalt der Reformationszeit bezeichnet.

3. Melanchthon kann wichtige Antworten geben in einer sehr entscheidenden bildungspolitischen und kulturtheoretischen Frage des 20. Jahrhunderts, nämlich in der Frage der Gespaltenheit der heutigen Kultur in zwei Kulturen, in eine naturwissenschaftliche und in eine literarische, geisteswissenschaftliche Kultur.

Neuser: In einer Erörterung, worin für mich persönlich die Aktualität Melanchthons besteht, möchte ich weniger auf fachtheologische Fragen eingehen. Ich will daher nur kurz die Abendmahlsfrage ansprechen, den Streit zwischen Lutheranern und Reformierten, der seit der Leuenberger Konkordie 1973 beigelegt ist. In der darin vereinbarten Auslegung der neutestamentlichen Texte hat Melanchthon recht behalten: Leib und Blut Christi sind die ganze, lebendige, handelnde Person Christi.

Es ist vor allem e i n e Frage, die Melanchthon ganz entschieden an uns richten würde, die Frage nach der Einheit der Bildung. Melanchthon hat wohl am stärksten das humanistisch-christliche Gymnasium, überhaupt das humanistisch-christliche

Bildungssystem geformt, ein Bildungssystem, das sich mehr oder weniger mehrere Jahrhunderte lang gehalten hat, vielleicht sogar bis in die siebziger Jahre unseres Jahrhunderts. Die Wahrheit ist heute, daß gemeinsame Voraussetzungen unter akademisch Gebildeten nicht mehr vorhanden sind. Wir reden alle von einem verschiedenen geistigen Hintergrund her. Gibt es keine Einheit mehr? Ist diese Zeit endgültig vorbei? Ist eine gemeinsame humanistisch-christliche Bildung Utopie?

Mein zweiter Punkt gründet sich auf einem Ausspruch Melanchthons: »Die Wahrheit geht im Streit verloren«. Wenn man diesen Satz als ein Wort des sanften Melanchthon verstehen würde, dann würde man es mißverstehen. Melanchthon war nie sanft, weder im Bauernkrieg noch in anderen Auseinandersetzungen, er konnte vielmehr sehr energisch sein und ein klares Nein sagen. Aber es gab Streitigkeiten, in denen Melanchthon bewußt keine Stellungnahme abgab. Melanchthon wußte, daß in Streitigkeiten nur Extrempositionen formuliert werden. Darum: »Die Wahrheit geht im Streit verloren«. Weiß man eigentlich heute noch etwas davon, wie man sich im Streit immer heftiger befehden kann, und versucht man vielmehr zu vermeiden, im Lauf des Streits Extrempositionen einzunehmen, die man vielleicht einmal gar nicht wollte? Dies wäre zum Beispiel eine wichtige Frage auch an die Politiker.

Und noch ein Letztes: Wie kam es eigentlich, daß Luther und Melanchthon zusammenblieben? Beide haben des öfteren eine Trennung in Erwägung gezogen; sie haben sich aber ertragen. Das ist für mich bis heute eine Frage geblieben.

Pfnür: Die aktuelle Bedeutung Melanchthons sehe ich, der ich selbst als Student der katholischen Theologie unter Anleitung des jetzigen Präfekten der Glaubenskongregation, Kardinal Ratzinger, einen ersten Zugang zur Theologie Melanchthons gewonnen habe, in erster Linie unter ökumenischem Gesichtspunkt. Um dies zu verdeutlichen, möchte ich von – leider immer noch – verbreiteten Negativ-Klischees über Melanchthon ausgehen, nämlich
1. seiner Einstufung nicht als Theologen, sondern als Humanisten und bloßen Philologen,
2. seiner Wertung als hinterlistigen Täuscher,
3. seiner Abqualifizierung als Leisetreter.

Zu 1): Melanchthon mehr Philologe als Theologe? Im Unterschied zur Einstufung Melanchthons als bloßen Humanisten und Philologen lernte ich vor allem Melanchthons Theologie und in methodischer Hinsicht sein Ernstnehmen der Hl. Schrift schätzen, vor allem daß er sich durch die Autorität der Schrift auch selbst in seiner theologischen Position in Frage stellen ließ und in der Auslegung der Schrift und im genaueren Hinhören auf die Schrift in vielen Punkten seine theologische Meinung modifizierte oder korrigierte. Als Beispiele könnte man auf seine richtige Übersetzung von 1 Tim 2,4: »Gott will, daß alle Menschen gerettet werden« verweisen, oder sein Ernstnehmen etwa der Schriftstellen 2 Kor 6,1; Mt 12,43 ff.; Rm 8,13; 1 Kor 6, 9 f.; Gal 5,19 ff.; Eph 5,5 f.; Kol 3,6.; 1 Tim 1,18; 2 Petr 1,10; 2,1 ff.; 1 Joh 3,10, denen er in der Frühphase seiner Theologie keine besondere Beachtung geschenkt hatte, oder sein Ringen mit den Aussagen des Jakobusbriefes.

Was den inhaltlichen Gesichtspunkt betrifft, so ist m. E. gerade Melanchthons Betonung der Verantwortung des Christen, die ihm im Hören auf die Schrift deutlicher wurde, von aktueller Bedeutung, wenn Christsein und mitmenschliche soziale Verantwortung nicht beziehungslos nebeneinander stehen sollen.

Zu 2) und 3): Der Vorwurf des hinterlistigen Täuschens wurde auf katholischer Seite besonders von Cochläus erhoben, der das wahre Gesicht der Lutheraner in einzelnen überspitzten und aus dem Kontext genommenen Äußerungen der frühen zwanziger Jahre sah. Demgegenüber sei die von Melanchthon vorgelegte Augsburger Konfession ein großangelegtes Betrugsmanöver, weil Melanchthon hier mit seiner wahren Meinung (etwa, daß Gott die Ursache der Sünde sei) hinter dem Berg halte und so die lutherische Lehre als akzeptabel erscheinen lasse. Die Abstempelung Melanchthons als Leisetreter zielt in eine ähnliche Richtung. Heute steht außer Zweifel, daß die Aussagen der Augsburger Konfession (etwa Art. 18 und 19) Ausdruck von Melanchthons vertiefter theologischer Einsicht sind. Zugleich zeigt sich hier ein wichtiges Problem von aktueller Bedeutung, nämlich die Unterscheidung zwischen den Positionen theologischer Schulrichtungen und dem Glaubensbekenntnis von Kirchen. Die Augsburger Konfession ist keine Schuldisputation, keine Vorlesungsnachschrift und auch keine polemische Flugschrift, sondern beansprucht das darzulegen, was »die Gemeinden *(ecclesiae)* bei uns lehren« (Art. 1). Im Blick auf dieses Bekenntnis lutherischer Gemeinden gibt es keinen theologischen Graben zwischen Luther und Melanchthon. Melanchthon hat auch nicht gelogen, wenn er in den Tagen des Augsburger Reichstages 1530 an den päpstlichen Legaten schreibt: »Wir haben keine von der römischen Kirche abweichende Lehre« (MSA VII/2, 196). Der Streit gehe um die abgeschafften Mißbräuche und die geänderten Zeremonien. Erst der ökumenische Dialog der Gegenwart hat den Blick für diese Gemeinsamkeit wieder geöffnet. So heißt es in der Stellungnahme der (vom Einheitssekretariat in Rom und vom Lutherischen Weltbund eingesetzten) internationalen Gemeinsamen römisch-katholischen/evangelisch-lutherischen Kommission zum Augsburgischen Bekenntnis: »Es ist die erklärte Absicht des Augsburgischen Bekenntnisses, den Glauben der einen, heiligen, katholischen und apostolischen Kirche zu bezeugen. Es geht nicht um Sonderlehren oder gar um Gründung einer neuen Kirche (CA 7,1), sondern um die Reinerhaltung und Erneuerung des christlichen Glaubens – im Einklang mit der Alten Kirche, ›auch der römischen Kirche‹ und in Übereinstimmung mit dem Zeugnis der Heiligen Schrift«. So haben auch gemeinsame Untersuchungen katholischer und lutherischer Theologen ergeben, »daß die inhaltlichen Aussagen des Augsburgischen Bekenntnisses... als Ausdruck des gemeinsamen Glaubens angesehen werden können« (Gemeinsame römisch-katholische/evangelisch-lutherische Kommission, Wege zur Gemeinschaft, Bonifatius/ Lembeck ²1981, 57f.). Auch Papst Johannes Paul II. hat auf seiner ersten Deutschlandreise zum

Ausdruck gebracht, daß wir hinsichtlich der Confessio Augustana eine weitgehende Gemeinsamkeit haben. Die Beschäftigung mit dem Werk Melanchthons fördert die ökumenische Einsicht, »daß wir nicht nur einen Teilkonsens haben, sondern eine Übereinstimmung in zentralen Glaubenswahrheiten« (vgl. Gemeinsame römisch-katholische/evangelisch-lutherische Kommission, Einheit vor uns, Bonifatius/Lembeck 1985, 31).

Vinke: Wenn ich das, was bisher gesagt wurde, in Betracht ziehe, dann muß ich sagen, daß Melanchthon vor allem in seiner Vielfalt aktuell ist. Die Wahrheit geht im Streit verloren, gewiß, aber man darf dabei nicht vergessen, daß gerade der junge Melanchthon, zum Beispiel bei seiner Wittenberger Antrittsrede im August 1518, sehr kämpferisch gegen die überkommene Bildung der Scholastiker angehen konnte. Ein Intellektueller, der handelt, auch das stimmt zweifelsohne, wenn man das pragmatische Anpacken Melanchthons von Fragen der Bildung, des Schulunterrichts oder der Didaktik betrachtet; hier war ein Mann am Werk, der keineswegs großartige Kommentarwerke auf dem Hügel der Besserwisserei produzieren wollte, sondern der immer in geradezu professioneller Weise seine Adressaten und ihre Bedürfnisse im Auge behielt. Nicht vergessen aber darf man, daß Melanchthon nicht nur einmal in politische Belange hineingezogen worden ist und dabei auch überfordert war; seine pädagogische Leidenschaft, seine theologische Leidenschaft und seine Leidenschaft für den Frieden und für die Einheit der Kirche waren manchmal etwas größer als seine Einsicht in das politisch Machbare. Und daraus scheinen mir auch viele der Vorwürfe zu resultieren, die Herr Pfnür zitiert hat, wenn er vom Täuscher und Leisetreter Melanchthon spricht. Manches davon, vor allem der Vorwurf des allzu vorsichtigen Taktierens, ist vielleicht nicht ohne Grundlage, ohne daß ich dies hier im einzelnen darlegen könnte. Als der Vielfältige steht Melanchthon mir vor Augen.

Scheible: Auch ich bin der Meinung, daß Melanchthon höchst aktuell ist, in seinem Denken oder etwa in seinem Bildungsprogramm. Auch halte ich ihn für ein Vorbild in kirchlichem und politischem Handeln; dies sage ich ganz bewußt, obgleich Melanchthon oftmals eher als Anti-Vorbild figuriert. Viel wichtiger aber ist mir zunächst zu sagen, daß Melanchthon eine große Gestalt der Geschichte ist. Es gehört zum menschlichen Wesen, daß der Mensch im Unterschied zum Tier Geschichte hat, daß er nicht nur in der Gegenwart lebt, sondern Vergangenheit hat. Wir bemerken heute ein großes Bedürfnis nach Geschichte, das sich zum Beispiel auch in dem großen Interesse an Ausgrabungen und an archäologischen Funden niederschlägt. Für all das wird viel Geld investiert, und es kostet im übrigen weit mehr als das bißchen Melanchthon-Forschung, das wir hier treiben. Das sei vor allem den Politikern gesagt. Wir dürfen unsere Beschäftigung mit Melanchthon nicht von zweifelhaften und oft irgendwelchen Moden unterworfenen Aktualitäten abhängig machen. Melanchthon verdient vielmehr die Beschäftigung, weil er ein großer Bürger der Stadt Bretten ist, weil er eine der bedeutendsten Gestalten der abendländischen Geistesgeschichte und darüber hinaus überhaupt der gesamten Menschheitsgeschichte ist. Deshalb sollen wir uns mit Melanchthon beschäftigen, das ist mein Eingangsvotum, daran liegt mir sehr viel.

von Rabenau: Da ich nicht in die Melanchthon-Forschung eingearbeitet bin, kann ich in dieser Runde nur Fragen stellen: Ich möchte mich zum einen beziehen auf das Problem der politischen Einbindung der Kirche. Hat Melanchthon nicht doch an der theoretischen Formulierung einer solchen Symbiose mitgearbeitet? Die Kirche in der DDR hat die gegenwärtige Lage auch als Befreiung erfahren. Die unmittelbare Bindung an Staatsverantwortung bedeutet für die Kirche auch Verpflichtung und Last. So konnten wir für kritische Fragen des Bürgers an den Staat einen Freiraum bieten. Dies schien uns dem Evangelium förderlich zu sein. Andererseits haben wir auch gelernt, daß beide, Kirche und Staat, so schnell nicht aus der traditionellen Bindung herauswachsen können. Das heißt, der Staat hat entdeckt, daß es auch ein christliches Erbe gibt, das in irgendeiner Weise mitbehandelt und zumindest partiell angeeignet sein will. Für Luther ist eine solche Diskussion in den sozialistischen Staaten schon geführt worden, zur Zeit läuft sie im Falle Thomas Müntzers, bei dem man entdeckt, daß sein politisches und soziales Engagement aus einer theologischen Position heraus entstanden ist. Wie weit ist nun aber bei Melanchthon die Durchdringung des Verhältnisses von Staatsverantwortung als Mitverantwortung für die Kirche und umgekehrt ausgeprägt?

Meine zweite Rückfrage richtet sich auf das Problem des Bildungsganzen. Da infolge der Säkularisierung die Heilige Schrift aus dem Zentrum der Bildung herausgenommen wurde, stellt sich mir die Frage, ob die Einheit des humanistisch-christlichen Entwurfes wiedergewonnen werden kann. Auch hier ist die Situation in den sozialistischen Staaten nicht so, daß dieses Problem überhaupt nicht gesehen würde. In Ungarn hat man über Fernsehsendungen und auch im Rahmen des Schulunterrichtes Bibelbehandlung wieder in die Bildung einzufügen versucht. Das absolute Totschweigen dieses Bereiches blendet einen essentiellen Teil des europäischen Kulturlebens aus. Die meisten Leute gehen blind durch die Museen, weil sie nicht nur die antiken Stoffe nicht verstehen, sondern auch nicht wissen, was mit dem Kreuz oder mit der Krippe in Bethlehem eigentlich gemeint ist. Das ist aber eine Frage, die für alle säkularisierten Gesellschaften gestellt ist, für die sozialistischen natürlich ganz besonders. Hinzu kommt noch der Überreichtum an Fakten, vor allem der Naturwissenschaften, der auf den einzelnen heute einströmt. Welche Grundelemente können gefunden werden, die so tragend sind, daß sie tatsächlich eine große Mehrheit der Bürger bewältigen und dann auch eine gewisse geistige Gesamtverantwortung wahrnehmen kann?

Vinke: Es ist vielleicht nicht unwichtig, darauf hinzuweisen, daß Melanchthon die Verantwortung der Landesherren für die Kirche ausdrücklich als Notrecht bezeichnet hat und dies als eine Übergangsregelung ansah. Es war eben keine andere Autorität da, die diese Aufgabe hätte übernehmen können. Da es im Staat und in der Kirche um dieselben Menschen geht, werden Beziehungen zwischen beiden unausweichlich sein, problematisch ist immer nur das Maß dieser Beziehung.

Wiedenhofer: Es ist, so meine ich, unbestreitbar, daß sich Melanchthon zeit seines Lebens dagegen gewehrt hat, den Glauben von der Bildung und vom Wissen zu trennen, und daß er sich andererseits zeit seines Lebens dagegen gewehrt hat, das exakte Wissen von der sprachlichen Form abzulösen. Charakteristisch ist für ihn, die Philosophie, besonders die aristotelische Philosophie, mit der rhetorischen und literarischen Tradition des Humanismus zu verbinden. Nur die Einheit von sprachlich-inhaltlicher Korrektheit und sprachlicher Eleganz führt zu einer integralen Humanität. Nur eine einheitliche Bildung, eine einheitliche Kultur ermöglicht auch ein einheitliches Menschenbild. Aktuell ist dieser Versuch, eine einheitliche Sicht des Menschen auf der Basis eines philosophisch-literarischen Bildungssystems zu konstituieren, vor allem in heutiger Zeit, da wir ein Auseinanderklaffen von naturwissenschaftlich-exaktem Wissen und literarisch-ästhetischer Bildung beobachten können. Beide Kulturbereiche haben heute eigentlich nichts mehr miteinander zu tun, und damit ist in der Tat auch die Einheit des Menschen in Frage gestellt. Der melanchthonische Entwurf läßt sich gewiß nicht direkt aktualisieren, die Differenz zum Beispiel von Physik und Poesie ist gewiß nicht aufhebbar, da Naturwissenschaft und Geisteswissenschaft verschiedenen Gesetzen und Methoden folgen. Daß aber die Trennung der beiden Bereiche, daß zum Beispiel die Autonomie und Unhinterfragbarkeit der Naturwissenschaften ganz offensichtlich auch ihre negativen Folgen haben, ist uns heute neu bewußt. Unsere Aufgabe ist daher eine neue Einheit von Glauben und Wissen, von exaktem naturwissenschaftlichem Wissen und literarischer Bildung herzustellen, eine neue Einheit, die gewiß komplexer als der in manchen Teilen einfache Entwurf Melanchthons aussehen muß. Dies ist für mich heute eine der wichtigsten Anfragen Melanchthons an uns, eine Anfrage, die sich aus seiner einheitlichen Bildungskonzeption, auf der ein einheitliches Menschenbild gründet, ergibt.

Müller: Haben wir nicht auch heute noch einen Grundkonsens in Sachen humanistisch-christlicher Bildung, wenn man zum Beispiel in Erwägung zieht, daß das Fach Religion an unseren Schulen Pflichtfach geblieben ist, auch wenn bei den Berufsschulen die Industrie- und Berufsverbände natürlich weit lieber Ausbildung in EDV usw. sehen würden?

Neuser: Das humanistisch-christliche Bildungsideal ist ohne Zweifel zerbrochen. Ich erkenne dies allein schon an der großen Zahl der Theologie-Studenten, die mit mehr oder weniger guten Lateinkenntnissen an die Universität gehen, zuvor aber zum allergrößten Teil von Griechisch, geschweige denn von Hebräisch nie etwas gehört haben. Ich bin skeptisch, ob diese Einheit überhaupt wieder zu gewinnen ist, eine Einheit, die ja nicht nur eine Bildungsdimension hat, sondern auch gewichtige moralische Implikationen. Ich bin hier pessimistisch und weiß mir keine Antwort. Aber muß man nicht einmal, wenn Melanchthon im Mittelpunkt steht, eine Frage Melanchthons aufnehmen, die wir zwar als drückend empfinden, auf die wir aber nicht gleich eine Antwort parat haben? Man muß bisweilen Fragen stellen, auch wenn die Lösung nicht in Sicht ist. So wäre zu erwägen: Ist es genug, daß der Konsens des Abendlandes, vielleicht sogar der Welt, in den Menschenrechten besteht? Meinetwegen auch in den Maximen der Französischen Revolution: Freiheit, Gleichheit, Brüderlichkeit? Das sind gewiß edle Ideale. Aber sind sie nicht partiell? Können sie eine moralische Basis, von der aus unsere Jugend lebt, bilden? Vielleicht sind wir auch hier, bei diesen edlen Früchten des Geistes, auf einem Rückzug, und es gibt nur noch einen Individualismus, das heißt, jeder Gebildete denkt von seinen Voraussetzungen aus.

Scheible: Ich möchte noch einmal kurz auf das landesherrliche Kirchenregiment eingehen, damit nicht der Eindruck entsteht, daß es hier einen dunklen Punkt im Leben und Denken des sonst so geehrten Magister Philipp gibt. Melanchthon hat nach alttestamentlichen Vorbildern immer gesagt, daß die weltliche Obrigkeit auch für die Einhaltung der Grundnormen nicht nur des sittlichen Lebens, sondern auch des kirchlichen Lebens der Bürger verantwortlich ist. Die Obrigkeit ist Hüterin beider Tafeln des Dekalogs. So glaube ich nicht, daß Melanchthon die weltliche Einflußnahme auf das kirchliche Leben nur als ein Notrecht ansah. Man darf ja nicht außer acht lassen, daß der Staat zum Beispiel durch die Finanzierung der Pfarrer das Überleben der Kirche zumindest mitgarantiert, wie man sogar an der kommunistischen ČSSR sehen kann.

Pfnür: Was die Frage nach den Werten in unserer Gesellschaft betrifft, so sehe ich verschiedene Schwierigkeiten: die theologische Klärung des Verhältnisses von Glaube und Verantwortung in der Berufswelt, das Suchen nach einer gemeinsamen, die Konfessionen übergreifenden christlichen Fundierung und die Unüberschaubarkeit der heutigen Berufswelt (die vielfach zu einem wert- und christentumsfreien Bereich zu werden scheint). Melanchthon kann hier in zweifacher Weise Anstöße geben, nämlich erstens den Zusammenhang von Glaube und Leben im Beruf neu zu durchdenken und zweitens zu einer Gemeinsamkeit der Christen zu kommen. Dabei halte ich es für eine Illusion, daß wir kurzfristig zu einer einheitlichen christlichen Sprache zurückkommen können. Was aber notwendig ist, ist die Bereitschaft, die

Christlichkeit auch in der konfessionell anders geprägten Sprache und Frömmigkeit aufzuspüren. Hier könnten wir auch von den Religionsgesprächen der Reformationszeit lernen, in denen Melanchthon und Eck dadurch zu theologischen Einigungen kamen, daß sie bereit waren, auf die Sprache und Redeweise des anderen hinzuhören und sie trotz der Unterschiedlichkeit der Ausdrucksweise gemeinsam als christlich legitim anzuerkennen.

von Rabenau: Um unseren bisherigen Diskussionsrahmen zu erweitern, möchte ich darauf hinweisen, daß nicht nur im innerchristlichen Bereich eine Spaltung vorherrscht, sondern daß wir heute in besonderer Weise im Zusammenleben von Christen und Nichtchristen vielfältige Probleme erleben. Der Atheismus war zu Zeiten Melanchthons keineswegs ein unbekanntes Phänomen, da zum Beispiel der Humanismus auch antiklerikale, säkulare Elemente förderte. Meine Frage an die Melanchthon-Forscher ist, ob Melanchthon über dieses Problem reflektiert hat und ob mit seiner Ideenhilfe das Nachdenken über dieses Problem gefördert werden kann.

Wiedenhofer: Melanchthon hat nicht nur mit ständigen Definitionsversuchen des Reformatorischen auf das Auseinanderfallen der spätmittelalterlich-katholischen Kirche reagiert, sondern hat sich zudem mit einer Entwicklung auseinandergesetzt, in der das frühneuzeitliche Vernunftsubjekt sich langsam aus den Bindungen der religiösen Einbettung emanzipiert hat. Der beginnende Atheismus, der für die Neuzeit immer deutlicher zu Bewußtsein gekommen ist, hat Melanchthons Theologie entscheidend mitgeprägt, indem er gerade diese religiöse Erfahrung: »Gott existiert, er hat sich offenbart!« hervorhebt. Man muß von Gott also nicht nur theologisch, sondern auch philosophisch reden und muß sich dieser Frage stellen. Bei meiner Melanchthonlektüre war dies eine meiner wichtigsten Erfahrungen, daß Reformation nicht nur eine innerchristliche Auseinandersetzung ist um die Rechtheit des Glaubens, sondern zugleich auch die frühneuzeitliche Frage nach der Entchristlichung der Welt aufgegriffen hat, eine Frage, die bis in die Problematik der Säkularisierung hineinreicht, ja bis in unser heutiges Bildungsverständnis.

Neuser: Man spricht heute gern von Ökumene, doch die Beurteilung der tatsächlichen Fortschritte des ökumenischen Dialogs läßt eher Skepsis aufkommen. Tatsache ist, die Ökumene vor Ort, in den Gemeinden, schreitet immer weiter voran. Die Evangelischen und die Katholiken an einem Ort rücken näher zusammen, kommen besser ins Gespräch, aber in der sogenannten Amtskirche und in der Theologie tut sich nichts. Da sind die alten Widersprüche noch ganz genauso da, wie sie früher gewesen sind. Wann fangen wir eigentlich an, bei Melanchthon nach dem Reformatorischen zu fragen, und zwar wie Melanchthon es verstanden hat? Was bedeutet es, daß er am 8. April 1520, es war ein Ostertag, unter der Predigt Luthers gesagt hat:

Und jetzt wird alles anders. Von Stund an hat Melanchthon seine Matthäusvorlesung abgebrochen, er hat sie nicht fortgesetzt, er hat eine neue angefangen. Von Stund an hat er seine Rhetorik aufgegeben, die Rhetorik von 1521 ist ein schmächtiges Büchlein, das kaum mehr den Namen verdient. Von Stund an hat er eine andere Theologie betrieben. Was ist da eigentlich reformatorisch bei Melanchthon passiert? Von woher haben wir Melanchthon zu verstehen? Im evangelisch-katholischen Gespräch wird über vieles geredet, über die Rechtfertigung sogar mit einigem Erfolg. Aber darüber, daß das Evangelium gepredigtes Evangelium ist, daß die Verkündigung Heilsverkündigung ist und daß der evangelische Christ aus der Verkündigung lebt, darüber wird kaum oder gar nicht gesprochen. Auch nicht in der Melanchthon-Forschung.

Wiedenhofer: Es gibt retardierende Momente im ökumenischen Prozeß, dies ist ganz offensichtlich; ich meine aber, dies ist zugleich nicht verwunderlich, verwunderlich ist doch vielmehr, daß es so etwas wie Ökumene überhaupt gibt. Grundlegende theologische Differenzen und eine vierhundertjährige Polemik trennen die beiden Konfessionen. Die beiden Konfessionen haben sich in ganz fundamentaler Weise in Frage gestellt, und dies reicht hinein bis in die konkrete Lebensform, in die Struktur der Theologien, des Gottesdienstes, der Kirchenordnung usw. Wenn man das so betrachtet und auch noch mitberücksichtigt, daß hinter diesem Streit ja nicht nur ein einfaches Mißverständnis liegt, sondern eine grundlegende Streitfrage, die man vielleicht vereinfacht auf folgende Formel bringen kann: Katholischerseits wird der Reformation vorgeworfen, daß sie durch die fundamentale Traditions- und Kirchenkritik die Wahrheit des Evangeliums in das Belieben des einzelnen gestellt hat, das ist die grundlegende katholische Kritik, während evangelischerseits man dem Katholizismus vorgeworfen hat, daß dort durch die Kirchenstruktur das Evangelium gefangengenommen worden ist, nicht mehr seine freie Wirkung tun kann. Wenn man das so sieht, dann sind das ja grundlegende Fragen, dann darf man sich auch nicht wundern, daß es nicht so leicht zum Konsens kommt, beziehungsweise daß es immer wieder Rückfälle gibt. Hinzu kommt die recht komplizierte Diskussionslage: Man kann hier nicht einfach sagen, wo ist der gemeinsame Nenner, sondern beide Gefahren gibt es auch heute noch in den Konfessionen, vielleicht nicht einmal ganz einsinnig verteilt; die Gefahr, daß die Kirchenstruktur das Evangelium gefangennimmt, wie auch die Gefahr der Beliebigkeit und des Individualismus gibt es ja in beiden Kirchen.

Pfnür: Bei der Beurteilung des ökumenischen Dialogs möchte ich auf das schon Erreichte hinweisen: Auf vielen Gebieten sind die Theologen beider Konfessionen zu weitreichenden Übereinstimmungen gekommen. Freilich ist es für die, die nicht am Dialogprozeß beteiligt waren, nicht leicht, die in langer gemeinsamer Arbeit gewachsenen Konsenserklärungen sofort nachzuvollziehen. In der internationalen lutherisch-katholischen Kommission haben wir etwa in der zweiten Dialogrunde über zehn Jahre, von 1973 bis 1984, zusammengearbeitet. Es war ein langer Prozeß notwendig, um sich gegenseitig zu verstehen und um zu erkennen, daß der andere nicht so ist, wie man ihn sich vorgestellt hat. Auch der ökumenische Arbeitskreis evangelischer und katholischer Theologen kam bei der Frage, wieweit die offiziellen Lehrverurteilungen noch die Gegenseite treffen, zu dem Ergebnis, daß die meisten Lehrverurteilungen sich dann entschärfen, wenn man sieht, daß das, was die evangelischen Bekenntnisschriften verdammen, nicht die Lehre der katholischen Kirche ist, und umgekehrt das, was das Konzil von Trient verurteilt hat, nicht die Lehre der lutherischen Kirche ist (vgl. Lehrverurteilungen – kirchentrennend? Bd. 1: Rechtfertigung, Sakramente und Amt im Zeitalter der Reformation und heute, hg. von K. Lehmann und W. Pannenberg, Herder/Vandenhoeck 1986). Verurteilt werden vielfach Extrempositionen, die es tatsächlich auf beiden Seiten gegeben hat und immer wieder geben wird. Um aber anzuerkennen, daß diese Extrempositionen nicht das wahre Gesicht der anderen Seite zeigen, ist ein gewisses Vertrauensverhältnis notwendig. Auf diesem Weg gewachsenen Vertrauens sind die Theologen, insbesondere in den offiziell eingesetzten Kommissionen, durchaus zu einer verantworteten Gemeinsamkeit gekommen.

Scheible: Da ich eingangs nur den Aspekt der historischen Persönlichkeit Melanchthons unterstrichen habe, so möchte ich jetzt noch kurz auf das Problem der Aktualität Melanchthons eingehen. Aktualisierungen Melanchthons sind zum Beispiel, wenn auf dem Brettener Poststempel Melanchthon steht, wenn wir hier erstmals die Verleihung des Melanchthon-Preises feiern, und natürlich, um ein besonders geglücktes Beispiel anzuführen, wenn Schüler des hiesigen Melanchthon-Gymnasiums in höchst beachtlichen künstlerischen Darstellungen sich der Person Melanchthons zu nähern suchen. Ich bin der Meinung, daß bei keinem Denker der Vergangenheit die Äußerungen direkt in die Gegenwart übertragen werden können. Es gibt immer nur Denkanstöße, Denk- und Handlungsmodelle. Worin Melanchthon Handlungsvorbild sein kann, ist doch vor allem dies: Melanchthon hat immer das Gespräch gesucht, vor allem natürlich in den Auseinandersetzungen der beiden Konfessionen, aber auch bei den innerprotestantischen Diskussionen. Etwas Entscheidendes kommt hinzu: Der Umgang mit der Sprache; Melanchthon hat seinen Studenten einen verantwortlichen Umgang mit der Sprache beigebracht, und wir transportieren Melanchthons Bildungsideal nicht dadurch in unsere Schulen, daß wir die Schüler mit unverständlichem und viel zu schwer ausgewähltem Latein plagen, sondern daß wir sie zum verantwortlichen Umgang mit der eigenen Sprache hinführen und wegführen von der Sprechblasen-Syntax. Dies wäre Melanchthons Bildungsauftrag heute.

Müller: Es ist sicher nicht Sinn der Veranstaltung gewesen, auf alle möglichen Fragen bei einer so umfassenden und vielfältigen großen Persönlichkeit, wie es Melanchthon war, Antworten zu geben. Daß aber das hochkarätig besetzte Podium uns so viel Interessantes mitteilen konnte, auch Kontroverses, ist doch wohl ein Zeichen dafür, daß die Beschäftigung mit diesem Manne nicht nur große Geister umtreibt, sondern jeden einzelnen angehen kann. Es ist der spezielle Vorteil Brettens, sich Melanchthon zuzuwenden, und wir sehen bei vielen anderen Städten ähnliche Impulse, vor allem in den letzten Jahren, die lokale Tradition und die großen Persönlichkeiten, die aus der jeweiligen Landschaft stammen, stärker ins Bewußtsein zu rücken, als dies früher der Fall war. In den achtziger Jahren ist in der Bundesrepublik ein starkes Erwachen des historischen Bewußtseins zu beobachten, das weit weg ist von einem flachen Wirtschaftswunder-Optimismus, der nur von gestern auf jetzt, von heute auf morgen reicht, sondern größere Dimensionen hat. Das heißt mich hoffen, daß auch die künftigen Gespräche – es ist ja geplant, alle drei Jahre einen Melanchthon-Preis zu verleihen, und daß dazwischen Diskussionen, Gespräche dieser Art stattfinden sollen – die gleiche Lebendigkeit wie heute zeigen und daß der Anstoß, den die Stadt Bretten gegeben hat, keine Eintagsfliege bleibt. Es ist zu wünschen, daß wir für unser Zusammenleben, sei es vom Gesichtspunkt der Bildung aus betrachtet, sei es im Blick auf den Umgang der Christen oder der Kirchen miteinander wie auch für das Verhältnis zwischen Christen und Nichtchristen, aus solchen Diskussionen die Möglichkeit der Selbstbesinnung mitnehmen können: Wo stehen wir, was können wir tun, wohin gehen wir. Auf jeden Fall sollten wir uns das ›unruhige Herz‹ des Melanchthon zum Vorbild nehmen, damit wir nicht versacken in der Gefälligkeit des materiellen Wohlstands, der in diesem Land noch nie so groß war wie heute. Melanchthon war ein wesentlich ärmerer Mensch mit einem wesentlich niedrigeren Lebensstandard. Wir sollten von diesem kernigen, doch fragilen, wie eine gespannte Feder auf uns wirkenden Melanchthon lernen und etwas von seiner Lebensaktualität in unser sattes Bildungsbürgerdasein hinüberretten. Ich danke den Mitgliedern des Podiums und den Zuhörern für ihre vorzügliche Aufmerksamkeit bei diesen so wichtigen Beiträgen. Wir schließen mit dem herzlichsten Dank an die Stadt Bretten für ihre gewichtige Initiative und mit dem freundlichen Glückwunsch an den Preisträger.

Die Diskussionsteilnehmer (von links nach rechts): Siegfried Wiedenhofer, Konrad von Rabenau, Leonhard Müller, Vinzenz Pfnür, Heinz Scheible, Rainer Vinke, Wilhelm H. Neuser

Melanchthon-Medaille der Stadt Bretten 1988

Aus Anlaß der erstmaligen Verleihung des Melanchthon-Preises, der auf Initiative von Oberbürgermeister Paul Metzger von der Stadt Bretten vergeben wird, hat die Sparkasse Bruchsal-Bretten in Übereinstimmung mit Stadtverwaltung und Melanchthon-Verein eine Gedenk-Medaille in limitierter Auflage prägen lassen.

Die Prägung erfolgte in Reinsilber, Durchmesser 32mm; Prägung durch B. H. Mayer, Pforzheim; Gestaltung: Eleonore v. Mossakowski und Emil E. Ludin. Die Auflage beträgt 300 Exemplare; Nachprägung wird keinesfalls erfolgen.

Ausführung auf polierter Platte, die figurale Gestaltung in Mattprägung. Vorderseitig das Bild des Reformators nach rechts (Albrecht Dürer), darüber randbogig die Umschrift: PHILIPP MELANCHTHON/PRAECEPTOR GERMANIAE; rückseitig, gehöht auf Platte, sein Wahlspruch: IST GOTT FÜR UNS, WER MAG WIDER UNS SEIN. – Darunter Autograph des Namenszugs. Im Unterbereich des Medaillenrundes die Lebensdaten des »Lehrers der Deutschen«. Im Rand der Prägung ist die Jahreszahl – 1988 – eingraviert.

Die Medaille wurde in besonderem Etui verausgabt, dessen Innenseite die Zweckinschrift zum Anlaß trägt: Gedenkmedaille zur ersten Verleihung des Melanchthon-Preises in Bretten 1988.

Gestaltungsgang:

1) Fotos des Entwurfs nach eingereichten Skizzenvorschlägen.

2) Gipsabdrücke zur Korrektur.

3) Probeprägung in Kupfer zur Vorlage und Genehmigung.

4) Endgültige Prägung in Reinsilber (Mattprägung auf polierter Platte).

Den Erlös aus Weggabe der Medaille stellte die Sparkasse Bruchsal-Bretten der Stadt Bretten und dem Melanchthon-Verein zur Verfügung.

Emil Ludin

Dr. Stefan Rhein, Melanchthonhaus Bretten

Reuchlin, Melanchthon und die Theologie[1]

Vielleicht nehme ich mir zu viel vor, wenn ich jetzt – im Rahmen dieser kleinen Einführung – auf alle drei Persönlichkeiten kurz eingehen möchte, die uns hier zusammengeführt haben: Johannes Reuchlin[2], dem die Ausstellung gewidmet ist, Philipp Melanchthon, unter dessen Namen die ganze Kulturwoche firmiert, und Siegfried Wiedenhofer, dessen Ehrung die Festtage krönend abschließen wird. Sie unter einer theologischen Perspektive zu betrachten, liegt bei den beiden letzteren auf der Hand, bei dem Wittenberger Reformator und Mitarbeiter Luthers wie natürlich auch bei dem Frankfurter Theologieprofessor. Eine solche Blickrichtung erstaunt indessen bei Reuchlin, dem Juristen und Humanisten, doch hoffe ich zeigen zu können, daß die Frage nach dem Theologen Reuchlin – so selten sie auch gestellt wird – keine gesuchte Vergleichung oder Annäherung an Melanchthon darstellt, sondern aus Leben und Werk Reuchlins heraus sinnvoll ist. Zudem: Die Zusammenstellung und gemeinsame Präsentation Reuchlins und Melanchthons bedürfte natürlich keiner großartigen Begründung, sie ist in vielfältiger Weise schon durch die Biographie der beiden gerechtfertigt: Da ist nicht nur das Familienband, das Reuchlin zum Großonkel Melanchthons macht[3], sondern da sind auch die oftmaligen Hilfestellungen, die der renommierte Humanist seinem Großneffen gewährte: Reuchlin ermöglicht dem jungen Heidelberger Studenten von zwölf Jahren, gleich Hausgast und Pensionär eines berühmten Professors zu werden, er vermittelt ihm an der zweiten Universitätsstation Tübingen eine Stelle in der bekannten Druckerei des

---

1 Vortrag zur Eröffnung der Ausstellung im Rathaus Bretten: Johannes Reuchlin – Pforzheimer Humanist und Onkel Melanchthons (28. 2. 1988). Der Vortragsstil ist beibehalten, hinzugekommen sind einige Anmerkungen mit weiterführenden Literaturhinweisen. CR = Corpus Reformatorum. Philippi Melanthonis Opera quae supersunt omnia. Bd. 1–28, hg. von C. G. Bretschneider/ H. E. Bindseil, Halle/Braunschweig 1834–1860. MBW = Melanchthons Briefwechsel. Bd. 1 ff., hg. von H. Scheible, Stuttgart 1977 ff.
2 Zu Leben und Werk Reuchlins (mit Quellenbelegen) vgl. St. Rhein, Reuchliniana I. Neue Bausteine zur Biographie Johannes Reuchlins, in: Wolfenbütteler Renaissance Mitteilungen 12,2 (1988), 84–94, und Ders., Reuchliniana II. Forschungen zum Werk Johannes Reuchlins, in: Wolfenbütteler Renaissance Mitteilungen 13,1 (1989) [im Druck]; zum Verhältnis Reuchlin–Melanchthon grundlegend K. Hannemann, Reuchlin und die Berufung Melanchthons nach Wittenberg, in: Johannes Reuchlin (1455–1522). Festgabe seiner Vaterstadt Pforzheim zur 500. Wiederkehr seines Geburtstages, hg. von M. Krebs, Pforzheim 1955, 108–138.
3 Neues zur Verwandtschaft Melanchthons mit Reuchlin bei H. Scheible, Melanchthons Pforzheimer Schulzeit. Studien zur humanistischen Bildungselite, in: Pforzheim in der frühen Neuzeit. Beiträge zur Stadtgeschichte des 16. bis 18. Jahrhunderts, hg. von H.-P. Becht, Sigmaringen 1988 (= Pforzheimer Geschichtsblätter Bd. 7) [im Druck].

Thomas Anshelm; so gelingt es Melanchthon, schnell bekannt zu werden, indem er fremde Werke ediert und darin eigene Gedichte drucken lassen kann. Darüber hinaus leiht Reuchlin aus seiner reichhaltigen Bibliothek dem fleißigen Studenten Bücher aus, während andere sich allzuoft mühsam Exzerpte anlegen oder gar ganze Bücher abschreiben müssen[4]. Man kann es sicherlich auch als einen Beweis der Verehrung und Dankbarkeit werten, wenn Melanchthon in seiner griechischen Grammatik, die er 1518 in Tübingen als 21jähriger verfaßte, Reuchlin in einem Beispielsatz heranzieht: Für κατά mit Akkusativ in der Bedeutung »zur Zeit von« kann man, nachdem bislang nur Homer, Platon, Isokrates und andere antike Geistesgrößen auftauchten, folgenden Satz lesen: καθ' ἡμᾶς ἔνδοξος ἀνήρ ἐστιν Ἰωάννης ὁ καπνίων (»Zu unseren Zeiten ist Johannes Reuchlin ein berühmter Mann« [CR 20, 140]). Die größte Rolle in Melanchthons Leben spielte Reuchlin zweifellos bei dessen Berufung nach Wittenberg, ja man kann fast sagen: er spielte Schicksal. Der Kurfürst fragte bei dem in ganz Deutschland berühmten Griechisch- und Hebräischkenner Reuchlin um einen geeigneten Vorschlag nach, wollte vielleicht Reuchlin selbst als Griechisch- und Hebräischprofessor für die neu eingerichtete Stelle gewinnen. Doch Reuchlin schlug seinen jungen Verwandten vor und lobte die Vorzüge seines *sonnderlichen vetternn Maister Philipps* in höchsten Tönen; dieser wiederum war seinem Großonkel treu ergeben und nannte ihn in seinen Briefen ehrfürchtig »Mein liebster Vater«. Die Abschiedsworte Reuchlins sind gekennzeichnet von alttestamentlichem Pathos: »Gehe aus deinem Vaterland und von deiner Freundschaft und aus deines Vaters Hause in ein Land, das ich dir zeigen will« (CR 1, 32, MBW 20, 24. 7. 1518). Mit dem Segen Abrahams entließ Reuchlin seinen Großneffen in die Fremde; glücklich und unglücklich zugleich sollte er dort werden, und noch fast dreißig Jahre später erinnerte er sich an die Tage seiner Abreise und seiner Ankunft in Sachsen; in melancholischer Rückerinnerung an Bretten fügt er hinzu: *ignarus, quam dulcis sit patria* (»als ich noch nicht wußte, wie süß das Vaterland ist« [CR 6, 218, MBW 4363, 20. 8. 1546])[5].

---

4 Die UB Rostock besitzt unter der Signatur C I c 1750 ein Exemplar der ›Rudimenta‹ Reuchlins von 1506, das in Besitz Melanchthons war, was zahlreiche Randbemerkungen von der Hand Melanchthons beweisen; vgl. H. STOLL, Ein kostbares Neues Testament, Archiv für Reformationsgeschichte 31 (1934), 219–227, 222 Anm. 2. Melanchthon war im übrigen nicht nur der beiden klassischen Sprachen mächtig, sondern wie Reuchlin ein *vir trilinguis*; ein ausgezeichnetes, bisher aber unbekanntes Dokument seiner Hebräischkenntnisse ist eine von Melanchthon seinen Schülern diktierte Sammlung hebräischer Grammatikregeln, die sich in einer Nachschrift mit dem Titel ›Εἰσαγωγή in grammaticam Hebraicam Philippi Mel.‹ in der Forschungsbibliothek Gotha befindet.
5 Nachdem A. RICHTER, Melanchthons Verdienste um den philosophischen Unterricht, [Sonderdruck] Leipzig 1870, 26, die Gemeinsamkeit Reuchlins und Melanchthons allein in der weiten Perspektive der Interessen (»das umfassende des Reuchlinschen geistes«) erblickte, hat W. Maurer im einzelnen die Einflüsse Reuchlins auf das Denken seines Verwandten und Schülers herausgearbeitet: Neoplatonismus, Pythagoräismus, Zahlensymbolik, geschichtlicher Universalismus etc.; vgl. W. MAURER, Melanchthon als Humanist, in: Philipp Melanchthon. Forschungsbeiträge zur vierhundertsten Wiederkehr seines Todestages dargeboten in Wittenberg 1960, hg. von W. ELLIGER,

Nachdem Melanchthon Bretten und Stuttgart in Richtung Wittenberg verlassen hatte, sind sich die beiden nie wieder begegnet; nur noch zwei Briefe tauschten sie aus (MBW 67, 77). Melanchthon, dem die für ihre griechischen und hebräischen Bestände bekannte Bibliothek Reuchlins versprochen war, wurde enterbt. Was war geschehen? Was zum Bruch führte, war die Theologie, und Sie sehen, wir sind bei unserem Thema. Die Trennung erklärt sich daraus, daß Reuchlin sich nicht zur Reformation bekannte, der alten Kirche treu blieb und die Wende im Denken und Glauben Melanchthons deshalb heftigst mißbilligte. Reuchlin versuchte sogar, Melanchthon aus dem Einflußbereich Luthers wegzubringen, indem er ihm eine Professur in Ingolstadt schmackhaft machen wollte, doch ohne Erfolg. Melanchthon blieb in Wittenberg, während Reuchlin im Haus des Johannes Eck, des direkten Gegenspielers Luthers – er war Theologieprofessor in Ingolstadt –, wohnte: Melanchthon bei Luther, Reuchlin bei Eck: Der Gegensatz war unüberbrückbar geworden.

Hätte es dazu kommen müssen? Ich weiß, die Frage klingt müßig und wurde durch die Geschichte schon beantwortet. Formulieren wir deswegen anders: Waren die theologischen Gegensätze zwischen Reuchlin und Melanchthon so entscheidend? Gab es keine Berührungspunkte?

Um zunächst mit Bekanntem zu beginnen: Was beide verband, war ihre humanistische Haltung, die Antike aufzugreifen und sie in den eigenen Werken produktiv zu verarbeiten. Das Epochengefühl, der Antike in allen künstlerischen und literarischen Erzeugnissen nacheifern zu wollen, zeigt auch Reuchlin: An vorderster Front steht er bei dem Unternehmen, die Kenntnis der griechischen Sprache zu gewinnen. Er selbst sagt von sich, er habe als erster das Griechische nach Deutschland geführt. Er verfaßte eine griechische Grammatik, die leider verloren ist; er gab Textausgaben griechischer Autoren heraus, über die er als Universitätsprofessor in Ingolstadt und Tübingen Vorlesungen hielt; er dichtete sogar in griechischer Sprache, als einer der ersten überhaupt in Europa. Die römische Antike rezipierte Reuchlin in seinen lateinischen Werken: Auch in dieser Sprache dichtete er Epigramme, Lyrik und Komödien; in seinen Briefen und Traktaten bemühte er sich um das klassische Stilideal. Für Reuchlin war die antike Kultur ideales Vorbild, das Ideal für den Gelehrten: antike Philosophie und antike Literatur, das Ideal für den Schriftsteller: die antike Art zu schreiben, einen Text zu komponieren und ihn zu stilisieren. Dieser Rückgriff auf die Antike bedeutete auf theologischem Gebiet eine intensive Rezeption der griechischen und lateinischen Kirchenväter, also der christlichen Antike; so

Göttingen 1961, 116–132, bes. 116–120, und ausführlich DERS., Der junge Melanchthon. Bd. 1: Der Humanist, Göttingen 1967, bes. 84–98. Berechtigte Kritik an Maurers Entwurf eines – unter dem Einfluß Reuchlins – neoplatonisierenden Melanchthon übt S. WIEDENHOFER, Formalstrukturen humanistischer und reformatorischer Theologie bei Philipp Melanchthon, Bern 1976, Bd. 1, 414f. (die angeblichen Neoplatonismen sind Allgemeingut von Philosophie und Theologie; Melanchthons Ablehnung der Kabbala), 465 mit Anm. 732 (Wegfall der symbolistischen Mentalität; weitgehende Ablehnung der Allegorese), 474 mit Anm. 772 (universalistische Geschichtsauffassung Melanchthons christlich geprägt).

übersetzte Reuchlin Werke des alexandrinischen Bischofs Athanasius (295–373) und des als Ketzer verurteilten Patriarchen von Konstantinopel Nestorius (5. Jh.), zitierte unter anderem den literarisch eleganten Bischof Gregor von Nazianz (329/30– 390/91) und beschäftigte sich intensiv mit dem lateinischen Kirchenlehrer Hieronymus (ca. 345–420), der in idealtypischer Weise christliche Gesinnung und Pflege der Beredsamkeit verbunden hatte. Der oft vorgetragene Satz Reuchlins »Den heiligen Hieronymus verehre ich wie einen Engel, Lira schätze ich wie einen Meister, aber die Wahrheit bete ich an als Gott«[6] bezeugt diese Hochachtung vor der Theologie der Kirchenväter, zeigt aber auch, daß die mittelalterlichen Schriftausleger wie Nikolaus von Lyra (ca. 1270–ca. 1349) noch ihre Bedeutung hatten, wie übrigens Lyra auch von Luther und Melanchthon häufig zitiert wird. Trotzdem kann man sagen, daß die Rezeption der Kirchenvätertheologie den Versuch darstellt, an der mittelalterlichen Theologie vorbei direkt auf die altkirchlichen Quellen zu stoßen. Das sogenannte humanistische Quellenbewußtsein zeigt sich demnach nicht nur auf den Gebieten von Rhetorik, Grammatik und gutem Stil, sondern auch in der Theologie: Die Theologie der Humanisten versucht, die philosophische Überfremdung der mittelalterlichen Theologie zu überwinden, sie befaßt sich nicht mit spitzfindigen, formallogischen Problemen, sondern bemüht sich, den religiösen Kern der christlichen Theologie freizumachen; Humanismus und Reformation treffen sich also in ihrer Scholastikkritik, und wenn Reuchlin in seinem Werk ›Über das wunderbare Wort‹ die langwierigen, sophistischen Diskussionen kritisiert und gleichzeitig beklagt, daß dabei das Wort Gottes völlig unbeachtet bleibe (›De verbo mirifico‹ [1494], fol. E 4^r), dann paßt dies in die gezeigte Richtung, die mittelalterliche Theologie beiseite zu lassen – ohne sie gänzlich zu vernachlässigen, wie der Hinweis Reuchlins auf Nikolaus von Lyra zeigt – und direkt auf die Quellen des Christentums zurückzugehen.

Diese Quellen sind die Werke der Kirchenväter, vor allem aber natürlich die Bibel. So klagte Reuchlin ja auch in ›De verbo mirifico‹: Überall nur Streitigkeiten menschlicher Interpretationen, nirgends aber eine ernste Beschäftigung mit den Lehren und dem Wort Gottes. Ich darf an dieser Stelle Siegfried Wiedenhofer zitieren, der gezeigt hat, daß die hier bei Reuchlin beobachtete Kritik an der mittelalterlichen Bibelauslegung und zugleich die unmittelbare Auseinandersetzung mit der Heiligen Schrift zu den Kennzeichen der humanistischen Theologie gehören: »Auf diese Weise ist nun die beabsichtigte Überlieferungskritik möglich: Gegenüber der herrschenden mittelalterlichen Überlieferung, die man der Vermischung von Göttlichem und Irdischem verdächtigte, weil sie sich zu weit von den spezifischen christlichen Ursprüngen entfernt habe, wird nun auf die reine Quelle der Heiligen Schrift, die man als den allein authentischen Niederschlag der Offenbarung Christi betrachtet,

---

6 ›De rudimentis hebraicis‹ (1506), p. 549 = Johann Reuchlins Briefwechsel, hg. von L. GEIGER, Tübingen 1875 [Hildesheim 1962], 98.

zurückgegriffen. Humanistische Theologie ist also wesentlich Schrifttheologie«[7]. Man sieht, wie eng die humanistische Schrifttheologie und das reformatorische Schriftprinzip zusammengehören.

Was aber war nun der spezifische Beitrag Reuchlins zu diesem neuen direkten Zugriff auf die Texte der Heiligen Schrift? Reuchlin, das muß ich unterstreichen, war kein professioneller Theologe[8], doch hat er zum Beispiel einen Kommentar zu den ›Sieben Bußpsalmen‹ verfaßt, in dem er die hebräischen Wortbedeutungen grammatikalisch zu erklären suchte. Reuchlin näherte sich den biblischen Texten vor allem als Philologe, aber aus theologischen Motiven: Es war für ihn entscheidend, die Worte der Heiligen Schrift in ihrem Urtext lesen zu können, um dadurch direkten Zugang zu ihrer Wahrheit zu haben und die vielen und oft falschen Übersetzungen und die diversen Glossen, Traktate, Kommentare etc. überflüssig zu machen. Dies ist der ausschlaggebende Impuls Reuchlins, die damals fast unbekannte hebräische Sprache zu lernen. In den ›Rudimenta‹, einer hebräischen Grammatik, wodurch Reuchlin nach übereinstimmendem Urteil der Fachleute zum »Begründer der neuzeitlichen Hebraistik« geworden ist[9], erklärt er sein Engagement für die Verbreitung der hebräischen Sprachkenntnisse: Er habe diese Grammatik verfaßt aus der tiefen Besorgnis »über den allgemeinen Verfall des Studiums der Heiligen Schrift«, es sei von großer Wichtigkeit, »die ursprüngliche Redeweise der Heiligen Schrift, so wie sie der Mund Gottes gesprochen hat, selbständig« zu erfassen; die zahlreichen Auslegungen würden nachprüfbar, »wenn wir die Bibel des Alten Testaments selbst in ihrer Ursprache, der hebräischen Sprache, zu lesen und zu verstehen vermögen«[10]. Leitend ist demnach die Vorstellung, daß erst der kompetente Sprachkundige – sei es im Hebräischen oder Griechischen – den Anspruch der humanistischen Schrifttheologie erfüllt, die Heilige Schrift ohne vermittelnde Zwischenstationen (etwa Übersetzungen oder Kommentare) direkt zu verstehen. Luther selbst rühmt übrigens in seinem Brief an Spalatin vom 22. Februar 1518, Reuchlin habe deutlich gezeigt, daß in theologischen Schriften dialektische Winkelzüge wie der Syllogismus keinen Platz haben sollten, sondern der reine Glaube, die *mera fides*, im Zentrum stehe (D. Martin Luthers Briefwechsel. Bd. 1, Weimar 1930, 149f.).

Kritik an der mittelalterlichen Theologie, Rezeption der Patristik und philologi-

---

[7] Ich zitiere aus einem Vortrag Wiedenhofers, der in komprimierter Form wesentliche Ergebnisse seiner Dissertation (wie Anm. 1) vorstellt: S. WIEDENHOFER, Humanismus und Reformation. Zur ökumenischen Bedeutung eines historischen Zusammenhangs, in: Stimmen der Zeit 202,5 (1984), 332–342, 337.
[8] Dies gegen R. WALTER, Un grand humaniste alsacien et son époque: Beatus Rhenanus, citoyen de Sélestat, ami d'Erasme (Anthologie de sa correspondance), Straßburg 1986, 83: Hier wird Reuchlin irrtümlicherweise als Doktor der Theologie bezeichnet.
[9] So z. B. S. RAEDER, Johannes Reuchlin, in: Gestalten der Kirchengeschichte. Bd. 5 (Die Reformationszeit I), hg. von M. GRESCHAT, Stuttgart 1981, 33–51, 40.
[10] ›De rudimentis hebraicis‹, p. 1 = Reuchlin-Briefwechsel, 88f. Vgl. ausführlich Th. WILLI, Christliche Hebraisten der Renaissance und Reformation, in: Judaica 30 (1974), 103–118.

scher Grammatikunterricht zum sprachlichen Verständnis der biblischen Texte markieren wichtige theologische Anliegen Reuchlins, die auch bei Melanchthon wiederzufinden sind. Vor allem der letzte Punkt, nämlich Grammatik und Sprachkenntnisse als Voraussetzung für ein adäquates Verstehen theologisch-religiöser Gedanken, wurde von Melanchthon immer und immer wieder vorgetragen, um seine Studenten vor einem kurzschlüssigen und oberflächlichen Scheinwissen zu warnen[11]. Diesen eher literarischen Bereich humanistischer und reformatorischer Theologie ergänzt Siegfried Wiedenhofer, indem er darauf verweist, daß die humanistisch geprägten Theologen nicht theoretisch-spekulativ orientiert sind, sondern ständig den Praxisbezug suchen, in ihren Schriften die direkte Verkündigung anstreben und eine ethische Zielrichtung einschlagen, also auf die sittliche Verbesserung des Menschen im christlichen Geist abzielen. Die Gattungen, in denen die Humanisten Theologie betreiben, sind deshalb nicht mehr die systematischen Gattungen wie enzyklopädische Summe, Sentenzen, Kommentar, Disputationen oder die Glossen aus zweiter Hand, die vor allem Bücherwissen wieder neu aufbereiten, sondern Traktate zu einzelnen Problemen, Predigten oder religiöse Gedichte. Auch Reuchlin hat religiöse Lyrik geschrieben, zum Beispiel einige Verse auf die heilige Katharina oder ein Mariengedicht, das als Einblattdruck publiziert wurde, illustriert von einem Holzschnitt der Verkündigungsszene[12]. An theologischen Gebrauchstexten verfaßte Reuchlin außerdem eine Predigtschule für Mönche, eben keine diffizile theologisch-spekulative Fachabhandlung, sondern eine praktisch nützliche Anleitung zur Predigt vor dem Volk. Aus der Feder Reuchlins ist ein weiterer Text erhalten, der ebenfalls auf die religiöse Praxis einwirken will; er richtet sich gegen die im Spätmittelalter ungeheuer ansteigende Tendenz, durch Bußwerke, Reliquienverehrung, Seelenmessen und Wallfahrten Heilsgewißheit zu erlangen, durch Kult, Rituale und gute Werke sich einen gnädigen Gott zu »erwerben«. Reuchlins Kritik an den Exzessen der Werkfrömmigkeit erscheint in einer Literaturgattung, in der man sie zuletzt erwartet hätte: in einer Komödie, in der Komödie ›Sergius‹, die Reuchlin im Jahre 1496 schrieb. Reuchlin nämlich stellte dar, wie einige Schurken in betrügerischer Absicht einen stinkenden Schrumpfkopf säubern und herrichten wollen, um ihn als heilige Reliquie auszugeben und damit Geld zu verdienen. Man hat in dieser Komödie vor allem einen Angriff gegen einen bestimmten Mönch, nämlich Konrad Holzinger, einen Intimfeind Reuchlins, sehen wollen. Dies ist möglich, erklärt aber keineswegs, weshalb die Komödie auf Anraten des humanistischen Freundes Reuchlins, des Wormser Bischofs Johannes von Dalberg, nicht aufgeführt wurde; Stuttgart, wo Holzinger als Ratgeber Eberhards des Jüngeren wirkte, war weit entfernt von

---

11 Vgl. K. HARTFELDER, Philipp Melanchthon als Praeceptor Germaniae, Berlin 1889 [Nieuwkoop 1972], 173–177.
12 Zur (auch religiösen) Dichtung Reuchlins vgl. ausführlich St. RHEIN, Johannes Reuchlin als Dichter. Vorläufige Anmerkungen zu unbekannten Texten, in: Pforzheim in der frühen Neuzeit (wie Anm. 3).

Heidelberg, wo das Stück von Studenten gespielt werden sollte. Melanchthon schreibt, das Stück sei abgesetzt worden, weil ein Heidelberger Franziskanermönch daran Anstoß nahm; Ludwig Geiger, der große Reuchlinbiograph des 19. Jahrhunderts, schließt aus dieser Notiz, der Franziskanermönch habe das Stück auf sich bezogen und deshalb – aus persönlichen Gründen – die Aufführung hintertrieben[13]. Geiger scheint die Sprengkraft dieser Komödie nicht recht klar geworden zu sein: Der Schrumpfkopf eines ehemals versoffenen Mönchs wird zur Heiligenreliquie erklärt, der allgemeinen Verehrung überantwortet und soll als Anlaß einer neuen Wallfahrt eine sprudelnde Geldquelle werden. Hier sind nicht irgendwelche diffusen persönlichen Animositäten berührt, hier ist vielmehr eine grundsätzliche Kritik am zeitgenössischen Reliquien- und Wallfahrtswesen formuliert worden: keineswegs seltsam, daß ein Franziskanermönch meinte, einschreiten zu müssen. Es ist auch hierbei offenkundig, wie sehr die humanistische Entlarvung der veräußerlichten Religionspraktiken dem reformatorischen Anliegen des »sola fide«, der Glaubensfrömmigkeit, vorarbeitet[14].

Scholastikkritik, Rückgriff auf die Patristik, die Überzeugung, allein die Heilige Schrift sei der Urgrund christlicher Gotteslehre, und die entschiedene Absage an alle leeren, veräußerlichten Frömmigkeitsformen: mit diesen Themen könnte man wichtige theologische Anliegen Reuchlins umschreiben. Sie sind auch die Anliegen Melanchthons geworden. Es ist nun spannend zu sehen, wie Melanchthon selbst einmal sich Gedanken darüber gemacht hat, daß Reuchlin bei diesen Punkten stehenblieb und den Schritt zur Reformation nicht vollzog. Diese Reflexion ist unbeachtet geblieben, da sie nicht in der ausführlichen Rede Melanchthons über Reuchlin, die er im Jahre 1552 verfaßte, auftaucht. In dieser Rede gibt Melanchthon eine ausführliche biographische Schilderung und nennt als wichtige theologische Beiträge Reuchlins zu einer erneuerten Kirche dessen Sprachstudien im Griechischen und Hebräischen, wodurch der direkte Zugang »ad fontes« möglich geworden sei, und seine Editionen und Übersetzungen von Texten aus der Alten Kirche, also der Kirchenväterzeit (CR 11, 1000f., 1006). Ein Jahr vor seiner Rede auf Reuchlin bearbeitete Melanchthon den ersten Brief des Paulus an die Korinther; dort werden im 12. Kapitel verschiedene Gaben Gottes vorgestellt, darunter auch, um mit Luthers Übersetzung zu sprechen: *Einem andern mancherley sprachen*. Als Exempel dieser Fähigkeit nennt Melanchthon Reuchlin, der viele Sprachen beherrscht habe, wodurch der Besitz von deutlicher Ausdruckskraft und klarer

---

13 L. GEIGER, Johann Reuchlin, Sein Leben und Werk, Leipzig 1871 [Nieuwkoop 1964], 81.
14 Zu Erasmus und seinen Bemühungen, die erstarrten kirchlichen Formen der Frömmigkeitspraxis an der Bibel neu zu orientieren, vgl. z.B. K. GUTH, Volksfrömmigkeit im Urteil des Erasmus von Rotterdam, in: Zeitschrift für Schweizerische Kirchengeschichte 70 (1976), 168–192. Luther lernte den ›Sergius‹ 1504 durch eine Vorlesung bei Hieronymus Emser kennen; zur Frage, ob Luthers Kirchenkritik durch Reuchlins reliquienkritische Satire beeinflußt wurde, vgl. H. JUNGHANS, Der junge Luther und die Humanisten, Göttingen 1985, 40f.

Denkfähigkeit möglich werde. Doch daß dies nicht ausreiche, so fährt Melanchthon fort, könne man an Reuchlin sehen; denn dieser vermochte weder über die Gerechtigkeit des Glaubens noch über die kirchliche Hierarchie der Bischöfe einen richtigen Gedanken zu fassen; dies habe erst Luther vollbracht (CR 15, 1133). Die Gerechtigkeit des Glaubens: das meint die evangelische Lehre der Rechtfertigung allein durch den Glauben, allein durch die Gnade Gottes, nicht durch menschliche Initiative. Genau an diesem Punkt trennte sich nach Melanchthons Meinung sein Weg von dem seines Großonkels; hier blieb Reuchlin den Lehren der katholischen Kirche treu, zudem akzeptierte er weiterhin das päpstliche Regiment.

Einige Punkte der theologischen Affinität von Humanismus und Reformation, von Reuchlin und Melanchthon habe ich bisher kurz antippen können – Siegfried Wiedenhofer hat dies in seiner großen Melanchthon-Studie weit profunder für Erasmus, Pirckheimer und Melanchthon getan [15] –, doch die Frage, warum Reuchlin den Schritt zur Reformation nicht getan hat, blieb unbeantwortet. Eine mögliche Antwort führt in ein Betätigungsfeld Reuchlins, das ich noch nicht erwähnt habe: Bisher waren vor allem die humanistischen Interessen Reuchlins im Mittelpunkt, seine Übersetzungen, seine hebräischen Studien, seine Gedichte und seine Komödien. Davon hätte er aber nicht leben können: Reuchlins Brotberuf war die Juristerei. Als Berater des Grafen Eberhard im Barte, als Beisitzer am Württembergischen Hofgericht, als Richter am Reichskammergericht in Speyer und als einer der drei Bundesrichter des Schwäbischen Bundes gehörte er zu den renommiertesten Juristen Deutschlands. Das Jurastudium wurde zu Reuchlins Zeiten eine wichtige Voraussetzung, um in die Geheimen Räte oder fürstlichen Kammern aufzusteigen; der Geburtsadel wurde in seinem Einfluß zurückgedrängt, die Führungsschichten und fürstlichen Amtsträger rekrutierten sich zunehmend aus Universitätsabsolventen. So avancierte im Laufe des 15. Jahrhunderts und vor allem dann im 16. Jahrhundert juristisches Wissen zu einem bedeutenden Faktor in der Verwaltung; allmählich bildete sich eine spezielle Beamtenschicht heraus, fast ausschließlich aus Juristen bestehend. Für diese Entwicklung, jedenfalls für ihre Anfänge, ist Reuchlins Biographie repräsentativ. Obwohl von nicht-adliger Herkunft und ebensowenig dem geistlichen Stand angehörig, gelang es ihm, in führende Positionen vorzurücken. Uns erscheint es selbstverständlich, staatliche Aufgaben von dafür Vorgebildeten wahrnehmen zu lassen; wir klagen heute vielmehr über das starre Monopol der Juristen, die mit ihrem Fachwissen und ihrer Sondersprache alles fest in ihrer Hand halten. Diese Entwicklung begann im Spätmittelalter und verstärkte sich in der Renaissance. Reuchlins Biographie ist nur auf dem Hintergrund dieser Wertschätzung von

---

15 Wiedenhofer hat folgende Themen bei der Bestimmung der humanistischen Theologie hervorgehoben: Reformtheologie; eher rhetorische als logisch-systematische Form; gegen philosophische Überfremdung; Christozentrik; Schrifttheologie; praktischer Lebensbezug; affektive Theologie; existentielle Theologie (wichtig ist personales Zeugnis); vgl. S. WIEDENHOFER (wie Anm. 7), 336f.

Bildung und speziell des Jurastudiums und der Bedeutung der Juristen für die
Entstehung des modernen Staates zu verstehen[16]. Reuchlins berufliche Tätigkeiten
standen demnach im Zentrum staatlicher Rechtsprechung und Verwaltung, seine
staatstragenden Aufgaben mußten ihm einen wachen Sinn für Recht und Ordnung
geben.

Sie werden sich vielleicht fragen, was dieser Exkurs über den Juristen Reuchlin zu
unserem Problem beitragen könne. Ich meine Folgendes und stütze mich dabei auf
Überlegungen des Göttinger Kirchenhistorikers Bernd Moeller. In einer berühmten
Studie zu dem Verhältnis der deutschen Humanisten zur Reformation macht er auf
einige Punkte aufmerksam, die auch für Reuchlin aussagekräftig sind: Es sind vor
allem die jungen Humanisten, die zu Anhängern Luthers werden; die Alten verhielten sich skeptisch gegenüber den neuen Ideen, blieben mißtrauisch gegenüber der
Revolution der Jungen. Wegen Themen wie »Klostergelübde« und »päpstliche
Autorität«» stiegen die jungen Leute auf die Barrikaden, während die Alten sich
ausruhten auf dem, was sie erobert hatten: vor allem die Neubelebung der Antike.
Erasmus, Wimpfeling, Pirckheimer, Peutinger und eben auch Reuchlin gehören zu
dieser ersten Humanistengeneration, die nach der Reform der Bildung eine zweite,
religiöse Reform nicht mehr mitmachten. Ein zweites kommt hinzu: Das Neue
entstand nicht in gemächlicher Entwicklung; die neue Lehre wurde vielmehr wie
eine Eruption bekannt und erfüllte wie ein Lauffeuer das ganze Land. Öffentliche
Disputationen schufen Verwirrung, der päpstliche Bann und die reichsrechtliche
Ächtung setzten die Luthersache in einen Gegensatz zum geltenden Recht; Aleander, der päpstliche Nuntius, berichtet Anfang 1521 nach Rom: »Ganz Deutschland
ist in hellem Aufruhr. Für neun Zehntel ist das Feldgeschrei ›Luther‹, für die
übrigen, falls ihnen Luther gleichgültig ist, wenigstens ›Tod der römischen Kurie‹.«
Wie sollte sich Reuchlin da verhalten, der 1517, dem Geburtsjahr der Reformation,
62 Jahre alt war, der bei seinen eigenen Auseinandersetzungen mit den Kölner
Dominikanern immer mehr resignierte und – dies darf man nicht unterschätzen – bei
einer Niederlage den finanziellen Ruin befürchten mußte, der also auf das Wohlwollen der römischen Kurie, an die er appelliert hatte, angewiesen war! Zudem schien
die alte Ordnung umzustürzen, die kirchliche Einheit war in Gefahr, die Fundamente des Staates wankten. Die staatstragende, konservative Mentalität des Juristen,
Richters und Rates mußte einen heftigen Widerwillen empfinden gegen Bestrebungen, die alte Ordnung von Recht und Gerechtigkeit mit Gewalt umzustürzen. Bernd

---

16 Vgl. die Beiträge in dem Sammelband: Die Rolle der Juristen bei der Entstehung des modernen
Staates, hg. von R. SCHNUR, Berlin 1986; zu Württemberg vgl. insbesondere D. STIEVERMANN, Die
gelehrten Juristen der Herrschaft Württemberg im 15. Jahrhundert (mit besonderer Berücksichtigung der Kleriker-Juristen in der ersten Jahrhunderthälfte und ihre Bedeutung für das landesherrliche Kirchenregiment), ebd., 229–271, bes. 265 ff. (zu den Laien-Juristen in der zweiten Hälfte des
15. Jahrhunderts, auch zu Reuchlin [S. 266: Geburtsort: Bretten/Pfalz!!]).

Moeller kommt zu dem Ergebnis: »So bleiben gerade die Juristen und Politiker unter den Humanisten Luther gegenüber häufig auffallend spröde«[17].

Vielleicht ist dies die Antwort: Der junge humanistische Philologe Melanchthon trat wie viele seiner Altersgenossen mit wehenden Fahnen an die Seite Luthers, während für Reuchlin, den alten, resignierenden Mann und ordnungsbewußten Juristen, dieser Schritt zu groß wurde.

Ich sprach von einem Bruch zwischen Reuchlin und Melanchthon, doch vergessen hat Melanchthon seinen Großonkel, Förderer und Lehrer bis ins hohe Alter nicht. So möchte ich schließen mit einer kleinen Reuchlin-Geschichte, die Melanchthon in einem sonntäglichen Vortrag seinen Zuhörern erzählte: »Unsere Ehefrauen glauben, wenn wir nicht vollgestopft sind wie eine Wurst, das heißt so angefüllt sind mit Speis und Trank, daß wir nichts mehr in uns hineinbringen können, daß wir dann immer noch nicht genug haben oder gar des Hungers sterben. Früher, zur Zeit unserer Vorfahren, gab es eine solche Völlerei noch nicht, wie sie heute mehr und mehr üblich wird. Reuchlin zum Beispiel nahm beim Mittagessen nicht mehr als einen Gang zu sich und trank nur mit Wasser gemischten Wein, vor allem im Sommer; dann verbot er mir jegliches Weintrinken (...). Mit einer solchen Lebensweise ist Reuchlin fast 70 Jahre alt geworden« (CR 24, 21 f.)[18].

---

17 B. MOELLER, Die deutschen Humanisten und die Anfänge der Reformation, in: Zeitschrift für Kirchengeschichte 70 (1959), 46–61, 56; zum Verhältnis der Humanisten zur reformatorischen Bewegung Luthers vgl. jetzt (mit weiteren Literaturangaben v. a. in Anm. 53) DERS., Das Berühmtwerden Luthers, in: Zeitschrift für Historische Forschung 15 (1988), 65–92, bes. 74ff.
18 Melanchthons Reuchlin-Anekdoten sind zum großen Teil gesammelt von E. MÜLHAUPT, Heimaterinnerungen und Heimatbeziehungen Philipp Melanchthons, Bretten (2. Aufl.) 1983, 8ff.

Dr. Heinz Scheible, Melanchthon-Forschungsstelle Heidelberg

Melanchthons Auseinandersetzung mit dem Reformkatholizismus*

Der Anlaß, weshalb wir uns heute abend hier versammelt haben, um einen wissenschaftlichen Vortrag zu hören, ist die Verleihung des Melanchthonpreises der Stadt Bretten am nächsten Samstag. Ausgezeichnet wird ein wichtiger Forschungsbeitrag, ein Buch, das unsere Kenntnis über Melanchthon weiterbringt. Der Verfasser dieses Buches ist ein katholischer Theologieprofessor – vielleicht ein Zufall, vielleicht aber nicht. Es könnte nämlich sein, daß ein Katholik manche Dinge aus einem anderen Blickwinkel sieht als die in ihren Traditionen denkende protestantische Forschung und gerade von diesem entfernteren Standpunkt aus neue Aspekte gewinnt. Jedenfalls stellt uns die Tatsache, daß wir einen Katholiken als hervorragenden Melanchthonforscher ehren wollen, vor die Frage, wie denn Melanchthon selbst mit seinen katholischen Kontrahenten umgegangen ist.

Ich persönlich bin der Meinung, daß man seine aktuellen Entscheidungen möglichst unabhängig von Traditionen und Vorurteilen treffen sollte, konkret gesprochen: daß die Zusammenarbeit vor Ort, zum Beispiel der evangelischen Kirche mit der katholischen – aber auch aller anderen, insbesondere politischen Gruppen –, daß diese Zusammenarbeit sich nach sachlichen Kriterien und nicht nach vorgefaßten Meinungen richten sollte. Dabei entsteht ein Gefüge wechselnder Koalitionen. Es gibt genug Probleme, bei deren Lösung der evangelische und der katholische Pfarrer an einem Strang ziehen. Dies schließt aber nicht aus, daß sie sich in anderen Fragen voneinander distanzieren und vielleicht sogar bekämpfen müssen. Die Politiker, soweit sie über Format und Anstand verfügen – und die gibt es in allen im Bundestag vertretenen Parteien –, können dies, auch wenn es durch die einseitig an Streitfragen interessierte Berichterstattung der Medien nicht immer deutlich wird. In den Kirchen haben wir hier noch manches zu lernen. Es fällt uns deshalb so schwer, weil es nach unserer Meinung immer um Ewigkeitsfragen geht und jeder Part glaubt, die Wahrheit gefunden zu haben. Dabei sollte allein schon die Tatsache, daß in der Regel unsere persönliche Konfession durch den Zufall der Geburt bestimmt wird, uns offen machen für die Bräuche und Sehweisen der anderen Konfessionen.

---

* Der Vortrag vom 1. März 1988 (Melanchthonhaus Bretten) ist weitgehend identisch mit einem in Mainz am 3. April 1987 gehaltenen Referat, das mit wissenschaftlichem Anmerkungsapparat und der Erstpublikation zweier Texte Melanchthons in dem von Prof. Dr. Rolf Decot herausgegebenen Beiheft 26 der Veröffentlichungen des Instituts für Europäische Geschichte Mainz »Vermittlungsversuche auf dem Augsburger Reichstag 1530« voraussichtlich 1988 erscheinen wird.

Wir sollten also – ich wiederhole es – unsere gegenwärtigen Entscheidungen und Gefühle nicht von traditionellen Denkmustern, sondern von Sachgemäßheit bestimmen lassen. Gleichwohl läßt sich nicht leugnen, daß jeder Mensch in einem ganzen Geflecht von Traditionen hängt. Je genauer er diese kennt, desto mehr weiß er über sich selbst, desto besser kann er mit sich und seinen Traditionen umgehen. Dies ist der »Nutzen der Historie für das Leben«.

Was nun Melanchthon betrifft, so ist er nicht nur in seiner Geburtsstadt Bretten lebendig, sondern er ist derjenige Reformator, der sowohl für die evangelischen Unionskirchen wie die badische als auch für die weltweite ökumenische Bewegung die meisten Denkanstöße bietet und auch Vorbild im Lebensvollzug sein kann. Melanchthon konnte pragmatisch entscheiden. Seine Gegner bis zum heutigen Tag nennen dies Wankelmütigkeit. Es ist aber etwas anderes. Wer einen festen Grund hat, auf dem sein Haus steht, braucht sich nicht zu ängstigen, wenn über die Gestaltung des Daches diskutiert wird. Melanchthon war sich seiner Sache im Kern so sicher, daß man über vieles mit ihm reden konnte. Er wußte, daß man das meiste im menschlichen Zusammenleben so oder so regeln kann. Adiaphora nannte man das, Mitteldinge, die an sich weder gut noch schlecht sind. Es gab und gibt Theologen, die eine solche Einstellung für falsch halten, für Verrat, denn sie sind der Ansicht, daß es in der Wahrheitsfrage keine Adiaphora gibt, daß jeder Äußerlichkeit ein Symbolwert zukommt, der Bekenntnis oder Verleugnung signalisiert. Für solche Menschen – der bekannteste ist Melanchthons Schüler und Gegner Matthias Flacius Illyricus – ist die Auseinandersetzung mit dem Katholizismus schnell beendet. Es gibt kein Gespräch.

Wohin eine solche starre Haltung, die es auf allen Seiten gibt, führt, hat die Geschichte gezeigt: Sie führte zu blutigen Bürgerkriegen, zu politischen Machtkämpfen, zu Verständnislosigkeit und Abkapselung. Es gab aber auch immer wieder Bemühungen um Überwindung der skandalösen Kirchentrennung. Die allererste Voraussetzung einer möglichen Wiedervereinigung der getrennten Kirchen ist das gegenseitige bessere Kennenlernen, der Abbau von falschen Vorurteilen, von unnötigen Verdammungen. In den letzten fünfzig Jahren wurde das interkonfessionelle Gespräch ohne plumpe Polemik auf wissenschaftlichem Niveau geführt. Das Konfessionskundliche Institut des Evangelischen Bundes in Berlin und dann in Bensheim betrachtete die römisch-katholische Kirche der Gegenwart zwar kritisch, aber sachbezogen. Auf katholischer Seite hat vor allem Joseph Lortz den zumeist verketzerten oder sogar verteufelten Reformator Martin Luther mit Verständnis und nicht ohne Sympathie der staunenden Welt vor Augen geführt. Weit über seinen Lehrer Lortz hinausgehend, nennt Peter Manns den Reformator einen »Vater im Glauben«. Daß dabei der junge als der »katholische« Luther von der späteren Entwicklung der Reformationsgeschichte, die stark von Melanchthon geprägt wurde, nachdrücklich abgehoben wird, ändert nichts an der bewegenden Tatsache, daß katholische Theologen den Erzketzer und Kirchenspalter Luther als eine wohlklingende Stimme im Chor der Glaubensboten ernstnehmen. Lortz (1887–1974) hat nach dem Zweiten Weltkrieg in Mainz das Institut für Europäische Geschichte gegründet. Sein Schüler Peter Manns ist gegenwärtig Direktor der Abteilung Religionsgeschichte. Weil seine angegriffene Gesundheit die von der Stadt Bretten gewünschte Teilnahme an der Podiumsdiskussion am Samstag nicht erlaubt, wird das Mainzer Institut durch den evangelischen Theologen Rainer Vinke vertreten sein.

Die systematische Durchdringung der theologischen Grundaussagen brachte neue Erkenntnisse. Vor dreißig Jahren überraschte der junge Hans Küng durch die These, daß die katholischen und reformatorischen Formulierungen der Rechtfertigungslehre nicht so unvereinbar sind, wie man es 400 Jahre lang für ausgemacht hielt. Otto H. Pesch unternahm den Nachweis, daß die theologischen Gedanken von Luther und Thomas von Aquin bei aller Verschiedenheit von Ansatz und Methode in ihrem religiösen Gehalt nicht so verschieden sind, daß sie kirchentrennend sein müßten. Stephanus Pfürtner, damals dominikanischer Ordensbruder Peschs, hatte sich ähnlich geäußert. (Freilich kann nicht verschwiegen werden, daß das Verhältnis der drei ebengenannten Theologen zu ihrer römischen Kirche nicht ohne – zum Teil schwere – Belastungen geblieben ist.) Als Ergebnis dieser und vieler anderer Forschungen ist auch für den nicht fachwissenschaftlich Tätigen festzuhalten, daß so simple und deshalb beliebte Unterscheidungsmerkmale wie »Schrift und Tradition«, »Glaube und Werke« die Differenzen zwischen reformatorischer und katholischer Theologie nicht angemessen wiedergeben. Es geht hier um Subtileres. Professor Wiedenhofer wird uns am Samstag einiges darüber berichten.

Die Forschungen der Systematiker Küng und Pesch brachten auch neues Licht für das historische Verständnis der Reformationszeit. Man wußte ja immer, daß Melanchthon an Ausgleichsverhandlungen mitgearbeitet und Kompromißformeln über die Rechtfertigungslehre gebilligt hatte. Doch man hielt dies für ein Versagen des zaghaften und wachsweichen Magister Philippus, das man entweder hämisch glossierte oder schamhaft mit Schweigen überging. Nun aber stellte sich das Ganze völlig anders dar. Sollte der »Praeceptor Germaniae« schon damals theologische Einsichten gehabt haben, die nur von wenigen verstanden und alsbald vergessen oder verdrängt wurden, die nun im Zuge der weltweiten ökumenischen Annäherung der Konfessionen von ganz anderen Ansätzen und Motiven her wieder entdeckt wurden?

Im Gefolge des Zweiten Vatikanischen Konzils und der Frage einer Anerkennung der Confessio Augustana (= CA) durch die römische Kirche oder gar der Aufhebung des Kirchenbannes über Luther rückten das Augsburger Glaubensbekenntnis und die danach geführten Ausgleichsverhandlungen in den Mittelpunkt des Interesses. Vinzenz Pfnür – wir werden ihn am Samstag hoffentlich hier auf dem Podium haben – legte 1970 eine umfassende Dokumentation der Diskussion um das evangelische Zentraldogma in den Jahren 1530 bis 1535 vor, und das Fragezeichen, das er hinter den Titel »Einig in der Rechtfertigungslehre« setzte, hätte gut und gern ein

Ausrufezeichen sein können. Pfnürs Dissertation erschien in der von Joseph Lortz herausgegebenen Buchreihe des Mainzer Instituts, aber sie wurde bei Erwin Iserloh in Münster geschrieben, mitbetreut von Joseph Ratzinger, dem Doktorvater unseres Preisträgers Wiedenhofer und heutigen Kurienkardinal. Andere Arbeiten folgten, insbesondere von Eugène Honée und Herbert Immenkötter. 1979 hielt der Verein für die Herausgabe des Corpus Catholicorum unter Leitung von Erwin Iserloh in Augsburg ein internationales Symposion über CA und Confutatio ab, der Verein für Reformationsgeschichte über die Religionsgespräche. Die Berichtsbände erschienen 1980.

I

In den folgenden Betrachtungen werden wir an die Ergebnisse dieser Studien anknüpfen und mit einigen groben Strichen die Entwicklung vom Augsburger Reichstag 1530 bis zum Augsburger Religionsfrieden 1555 und seine unmittelbaren Folgen skizzieren. Im Gang der Reformationsgeschichte ist dieses Vierteljahrhundert ein klar und qualitativ abgrenzbarer Zeitraum. Mit dem Wormser Edikt 1521 war Luthers Prozeß definitiv abgeschlossen, seine Kritik an Lehre und Praxis der römischen Kirche dadurch abgewehrt, daß sich Kaiser Karl V. und die Mehrheit der Reichsfürsten gegen Luther und für Rom entschieden. Daß eine gewaltsame Unterdrückung der von Luther in Gang gebrachten Bewegung nicht möglich war, zeigte sich auf dem Speyrer Reichstag 1529, obwohl auch hier die »Protestierenden Stände« in der Minderheit waren. Nach 1555 hatte man sich mit der Kirchenspaltung abgefunden. Das Luthertum war rechtlich gesichert, eine Einigung nicht mehr lebensnotwendig.

In der Zeit dazwischen versuchte der Kaiser, mit gütlichen Verhandlungen die Kirchenspaltung zu beseitigen. Er unternahm damit etwas, das eigentlich der Papst durch die Einberufung eines Konzils hätte tun sollen. Weil dies zunächst nicht und dann viel zu spät geschah, wurde der Kaiser als treuer Sohn und Beschützer der römischen Kirche subsidiär und konkurrierend tätig. Da die Einigung, die zuweilen greifbar nahe schien, nicht zustande kam, wiederholte sich der Vorgang mehrfach: Augsburg 1530 mit seinen wochen- und monatelangen Verhandlungen und Privatgesprächen brachte zwar drei reformatorische Bekenntnisse hervor, die lutherische CA, die oberdeutsche Tetrapolitana und Zwinglis Fidei Ratio, ferner die altkirchliche Confutatio und Melanchthons Apologie der CA, endete aber mit der Erneuerung des Wormser Edikts, der Acht über alle Lutheraner. Diese antworteten mit einem Verteidigungsbündnis, dem Schmalkaldischen Bund 1531. Alsbald war ein äußerer Frieden möglich, der Nürnberger Anstand 1532. Die Türkengefahr hatte nachgeholfen. 1534 wurde Habsburg aus Württemberg mit Waffengewalt verdrängt; der restituierte Herzog Ulrich führte die Reformation ein. 1536 war endlich das Konzil in Sicht. Die Protestanten rüsteten sich durch Erneuerung der CA und

Ergänzung durch den Tractatus de potestate papae, worin das Papsttum als Institution – nicht der Papst als Person – als ›Antichrist‹ charakterisiert wird, und Luther verfaßte die Schmalkaldischen Artikel. Doch das Konzil kam nicht voran. Nun war der Kaiser wieder am Zuge. Der Frankfurter Anstand 1539 schuf die Möglichkeit eines Religionsgesprächs, das 1540 nach einem aus äußeren Gründen vergeblichen Anlauf in Hagenau im Herbst und Winter in Worms begonnen und 1541 in Regensburg fortgesetzt wurde. In Worms legte man die CA zugrunde; das war nun die von Melanchthon gründlich umgearbeitete Variata. Nach langen Verfahrensfragen kam man – Artikel 1 über Gott war unstrittig – nur zu Artikel 2 über die Erbsünde. Vier Tage lang disputierten Melanchthon und Johannes Eck, der Ingolstädter Professor und bekannte Luthergegner, der schon in Augsburg 1530 der bedeutendste katholische Theologe gewesen war. Sie konnten sich nicht wirklich einigen.

Inzwischen hatte die kaiserliche Geheimdiplomatie ein Unionsbekenntnis abfassen lassen, über das auf dem nach Regensburg einberufenen Reichstag verhandelt werden sollte. Es ist das sogenannte Regensburger Buch, entworfen von Johannes Gropper, dem führenden Kopf der sowohl reformwilligen als auch romtreuen Katholiken in der Erzdiözese Köln. Vertraulich beraten und überarbeitet wurde es in Worms durch Gropper selbst sowie durch den kaiserlichen Sekretär Gerhard Veltwijk und die Straßburger Reformatoren Capito und Bucer. Revidiert wurde es von Kardinal Gasparo Contarini, dem Legaten auf dem Regensburger Reichstag, den der große katholische Kirchenhistoriker Hubert Jedin die »Seele und das Gewissen der katholischen Reform« unter Paul III. nennt. Auch der noch junge Nuntius Giovanni Morone – später wurde er Kardinal und Konzilspräsident – und die deutschen Theologen Eck und Julius von Pflug, damals Domherr in Mainz, hatten Gelegenheit zur Einflußnahme. Luther und Melanchthon bekamen durch den Kurfürsten Joachim II. von Brandenburg das Manuskript zur Einsicht. Beide hielten nichts davon. Melanchthon schrieb darauf: *Politia Platonis*, das heißt Utopie.

Er sollte recht behalten. Das Regensburger Buch als Versuch, die Kirchenspaltung zu überbrücken, erwies sich als Utopie. Doch sagt das Scheitern einer Utopie noch nichts über ihre innere Logik, und auch scheiternde Utopien können Impulse geben und Kräfte freisetzen. Die CA, ursprünglich eine Verteidigung durchgeführter Kirchenreformen, hatte schon zu sehr den Charakter eines Bekenntnisses angenommen, als daß es ihren Anhängern zuzumuten war, hiervon Abstriche zu machen, und daß die Katholiken sie unverändert annehmen würden, konnte ebensowenig erwartet werden. So war es nicht abwegig, einen dritten Weg zu gehen, Lehrformulierungen zu finden, die für beide Teile annehmbar waren, und sei es um den Preis unterschiedlicher Interpretation.

Auf regionaler Ebene war dies schon vorher versucht worden. 1534 hatten kursächsische und kurmainzische Vertreter unter der Schirmherrschaft Herzog Georgs von Sachsen in Leipzig zwei Tage lang über die Ergebnisse des Augsburger

Reichstags verhandelt. Wortführer waren Melanchthon und der Dominikaner Michael Vehe, damals Propst des Neuen Stifts zu Halle, einer der Konfutatoren. CA Artikel 1–3 über Gott, Sünde und Christus bereiteten keine Schwierigkeiten. Für die Rechtfertigungslehre verfaßte Vehe eine neue Formel, in der das »sola fide« anerkannt und die Notwendigkeit der Werke betont wird. Melanchthon stimmte trotz Bedenken zu. Über die Messe konnte man sich nicht einigen, da Vehe an ihrer Verdienstlichkeit und an Privatmessen festhielt. Vehe spielte später keine Rolle mehr, weil er 1539 starb.

Ergebnislos blieb auch das inoffizielle Gespräch, das der herzoglich sächsische (also katholische) Rat Georg von Carlowitz im Januar 1539 in Leipzig zustande brachte. Von evangelischer Seite waren Melanchthon und Bucer anwesend. Georg Witzel, ehemals evangelischer Pfarrer und verheiratet, nun wieder auf dem Weg zur katholischen Kirche und derzeit im Dienste Georgs von Sachsen, hatte eine Kompromißformel verfaßt. Witzels Anliegen war, auf der Basis der Kirchenväter, die er ausgiebig studiert hatte, eine Einigung herbeizuführen, eine Idee, die als »consensus antiquitatis« dann im 17. Jahrhundert von dem großen Helmstedter evangelischen Theologen Georg Calixt propagiert wurde. Für Melanchthon jedoch war eine so formalistische Festlegung auf irgendeine Glaubensnorm außer der Heiligen Schrift und den altkirchlichen Bekenntnissen unannehmbar; sie widersprach seiner reformatorischen Hermeneutik, die bei aller Wertschätzung der Tradition diese immer wieder vom Lichte des Evangeliums her kritisch in Frage stellt. Die negative Berichterstattung an den Kurfürsten Johann Friedrich über diese Leipziger Sondierung bewirkte zunächst, daß in Worms 1540 noch einmal die CA zugrunde gelegt wurde.

Aber die Versuche der Mittelpartei zur Abfassung einer kompromißfähigen Lehrformel fanden die Unterstützung des Kaiserhofes. Melanchthon wie auch auf der anderen Seite Eck mußten sich widerwillig zur Mitarbeit bequemen. Melanchthon belastete dies bis in seine Träume hinein. Als eine Hyäne erschien ihm das Regensburger Buch, als ein scheußliches und gefährliches Untier. In einem Gedicht hat er seinen Traum verarbeitet: Die Fürsten befahlen ihm, dieses Scheusal anzumalen, ansehnlich zu machen. Er weigert sich, ruft: *Quo ruitis proceres? quis mentes occupat error? / Cur templo infertis talia monstra Dei?* »Wo treibt ihr hin, meine Herrn? Welch Irrtum besetzt euer Denken? Was für Monstren bringt in Gottes Haus ihr hinein?« Schweißgebadet wacht er auf, starr vor Schrecken: *Excutior somno, gelidus de pectore manat / sudor et e subito membra pavore stupent.* (Melanchthon konnte lateinisch und sogar griechisch dichten, und daß seine Verse hölzern seien, ist auch so eine Legende, die durch dieses Zitat widerlegt wird.)

Angesichts der emotionalen, aber auch sachlich bedingten Abneigung gegen solche Kompromisse ist es von um so größerer Bedeutung, daß man wenigstens einen Schritt vorangekommen ist. Die vom Kaiser berufene Kommission von je drei Theologen: Eck, Gropper, Pflug einerseits, Melanchthon, Bucer und der Hesse

Pistorius andererseits, einigte sich rasch über Anthropologie und Sündenlehre. Der Rechtfertigungsartikel des Buches gefiel beiden Seiten nicht; er war zu lang und unklar. Beide legten eigene Entwürfe vor, die von der Gegenpartei abgelehnt wurden. Aber dann fand man einen Kompromiß, der in die Endgestalt des Regensburger Buches eingefügt und mit dieser gedruckt wurde. Auf den theologischen Gehalt werden wir später zu sprechen kommen.

Damit war die Fähigkeit zur Verständigung erschöpft, wie ich meine, nicht nur aus psychologischen, sondern primär aus sachlichen Gründen. Als nächstes kam der Artikel über die Kirche. Man stritt mehrere Tage über die Annahme eines allgemeinen Konsenses und die Irrtumslosigkeit der Konzile. Auch dieses Thema werden wir noch genauer betrachten. Da man sich nicht einigen konnte, machten die protestantischen Gesprächsteilnehmer von der Möglichkeit Gebrauch, einen Gegenartikel einzureichen. Dann nahm man die Sakramentenlehre vor. Über die Transsubstantiation gab es Streit. Melanchthon stellte den Grundsatz auf, der fortan für seine Sakramentenlehre konstitutiv bleiben sollte: Ein Sakrament hat seinen Sakramentscharakter nur im einsetzungsgemäßen Vollzug: *sacramentum est sacramentum in usu, ad quem divinitus est institutum*. Dies ist gegen die katholische Verehrung der konsekrierten Hostie außerhalb der Eucharistiefeier gerichtet und macht Sakramentsprozessionen unmöglich. Das dynamische Sakramentsverständnis Melanchthons ist dem statisch-substanzhaften Denken der Scholastiker entgegengesetzt. Natürlich wurde die Differenz nicht ausdiskutiert, sondern vertagt. Dann stritt man über die obligatorische Nennung der Sünden in der Beichte – auch ein grundlegender Gegensatz zwischen Reformation und römischer Praxis, der erst durch das Zweite Vatikanische Konzil behoben wurde. Nachdem auch hier der Ausweg einer protestantischen Gegendarstellung eingeschlagen wurde, war die Bereitschaft, Kompromißformeln auszuhandeln, erschöpft. Ohne Hoffnung auf Einigung überflog man den Rest des Buches. Melanchthon, Bucer und Pistorius verfaßten Gegenartikel, die dem Kaiser eingereicht wurden. Das Gespräch in Regensburg 1541 war gescheitert, noch bevor der Rechtfertigungskompromiß sowohl von der katholischen Reichstagsmehrheit und von Rom als auch von Luther abgelehnt wurde.

Nun kamen wieder politische und sogar militärische Mittel an die Reihe. Kurfürst Johann Friedrich von Sachsen erweiterte den politischen und religiösen Einfluß Kursachsens dadurch, daß das Bistum Naumburg 1542 nicht mit dem zögerlichen Reformkatholiken Julius von Pflug (den wir schon aus den Religionsgesprächen kennen und der uns weiterhin begleiten wird), sondern mit dem kompromißlosen Lutheraner Nikolaus von Amsdorf besetzt wurde. Auf der anderen Seite verhinderte der Kaiser den Übergang des Niederrheingebiets an die Reformation durch einen Feldzug. Der Kölner Erzbischof Hermann von Wied hatte Bucer und Melanchthon zur Ausarbeitung einer evangelischen Kirchenordnung nach Bonn geholt. Das Kölner Domkapitel war mehrheitlich dagegen. Die Regensburger Kolloquenten

Melanchthon und Bucer einerseits und Gropper andererseits waren nun scharfe Gegner. Der Feldzug des Kaisers galt dem Herzog Wilhelm von Jülich-Kleve, der Geldern erben wollte und Anlehnung an den Schmalkaldischen Bund seines Schwagers Johann Friedrich von Sachsen suchte. Beides unterband Kaiser Karl.

Zwar wurde auf Reichstagen weiter verhandelt und sogar ein zweites Regensburger Religionsgespräch einberufen, obwohl in Trient nun endlich das Konzil zusammengetreten war. Aber der Kaiser setzte immer entschlossener auf eine militärische Lösung. Der Schmalkaldische Krieg brach aus, das Konzil lief auseinander. Nach seinem Sieg berief der Kaiser einen Reichstag nach Augsburg ein, den »geharnischten Reichstag« (September 1547 bis Juni 1548). Zur Lösung der Kirchenfrage legte er ein Religionsgesetz vor, das interimistisch bis zum Konzil gelten sollte. Dieses Augsburger Interim wurde von einer Kommission ausgearbeitet, der wiederum Julius Pflug, nun Bischof von Naumburg, angehörte, daneben in wechselnder Besetzung der Mainzer Weihbischof Michael Helding, der Kölner Karmelit Eberhard Billick, die spanischen Theologen am Kaiserhof Pedro de Malvenda und Pedro de Soto sowie einige andere. Von der evangelischen Seite wirkte der Hofprediger des Kurfürsten von Brandenburg mit, Johannes Agricola Islebius, ehemals enger Freund Melanchthons und Schüler Luthers, seit den antinomistischen Streitigkeiten mit den Wittenbergern verfeindet. Bucer kam am 30. März nach Augsburg. Er stand zeitweilig im Verdacht der Mitwirkung. Doch lehnte er das Interim nach sorgfältiger Prüfung ab.

Melanchthon, der mit der ganzen Universität die kursächsische Festung Wittenberg verlassen und im anhaltinischen Zerbst und in der Reichsstadt Nordhausen Zuflucht gefunden hatte, war nach Abzug der Truppen zurückgekehrt und hatte sich dem neuen Landesherrn Moritz von Sachsen zur Verfügung gestellt, um damit die Liquidierung der Universität Wittenberg zu verhindern. Er war nun der erste theologische Ratgeber des Albertiners Moritz, der zwar militärisch auf der Seite des Kaisers gegen seinen verhaßten Vetter Johann Friedrich von der ernestinischen Linie der Wettiner gekämpft und als Kriegsbeute die sächsische Kurwürde erhalten hatte, aber dennoch bei seinen evangelischen Untertanen im Wort stand, die Errungenschaften der Reformation nicht preiszugeben, und dieses Versprechen auch erfüllte. Andererseits mußte er nicht nur mit dem entschieden katholischen Kaiser zurechtkommen, sondern auch mit den katholischen Bischöfen von Naumburg und Meißen, die nun in Julius Pflug einen kompetenten Vertreter hatten und unter dem Schutz des Kaisers ihre Rechte als geistliche Oberhirten Sachsens wieder geltend machten. Also: der beste Nährboden für Kompromißverhandlungen.

Melanchthon erhielt das Interim sechs Wochen, bevor es dem Reichstag bekanntgegeben wurde, zur Begutachtung vorgelegt, damals noch unter der Annahme, daß es sich um Bestimmungen handelte, die für beide Religionsparteien verbindlich sein sollten. In seiner Beurteilung ging er deshalb bis zur äußersten Grenze des Tolerierbaren. Dennoch mußte er das Interim in der ihm vorliegenden Fassung ablehnen.

Danach wurde die Absicht des Kaisers, die Einheit der Kirche wiederherzustellen, dadurch unmöglich gemacht, daß die katholischen Bischöfe und Fürsten die Annahme des Interims verweigerten. Es sollte nur noch für die Protestanten gelten und war zudem befristet. Das intendierte Unionsgesetz war zusammengeschrumpft auf das Zugeständnis des Laienkelchs und die Tolerierung bestehender Priesterehen mit der Auflage katholischer Lehren und Riten, gültig bis zu einem entsprechenden Konzilsbeschluß. Am 30. Juni 1548 wurde das Interim als Reichsgesetz für die Protestanten verabschiedet. Es nicht anzunehmen, erforderte Mut, Macht und gute Gründe. Die Gründe lieferte Melanchthon. Allein und gemeinsam mit anderen kursächsischen Theologen unterzog er das Interim in mehreren Gutachten einer vernichtenden Kritik. Zwei dieser Gutachten wurden alsbald im Druck verbreitet. Wenige Tage nach dem Reichstagsabschied wurde in der Stadt Meißen ein Ausschußtag der kursächsischen Landstände abgehalten. Durch das theologische Gutachten vom 6. Juli war endgültig klargestellt, daß das Interim für Kursachsen und seinen Fürsten Moritz unannehmbar war.

Die Treue gegenüber dem im Lande verwurzelten evangelischen Bekenntnis enthob die Politiker nicht der Aufgabe, mit den katholischen Bischöfen von Naumburg und Meißen eine Vereinbarung zu treffen, die dann auch dem Kaiser als Ersatz für das Interim präsentiert werden konnte. In Südwestdeutschland, wo die Heeresmacht des Kaisers lagerte, wurde das Interim rigoros durchgesetzt; standhafte evangelische Geistliche wurden ihres Amtes enthoben, nicht selten auch verfolgt und verhaftet. Es war nicht von vornherein auszuschließen, daß der Kaiser auch in Mittel- und Norddeutschland, wo ja noch immer gekämpft wurde, seinen Willen mit Gewalt durchsetzen würde. Jedenfalls wollte Moritz, der dem Kaiser den Zuwachs an Rang und Macht verdankte, damals noch keinen Konflikt mit den Habsburgern.

Schon in Meißen, Anfang Juli, erhielt Melanchthon den Auftrag, eine Lehrform über Rechtfertigung und gute Werke zu verfassen, die den abgelehnten Wortlaut des Interims ersetzen könnte, und machte sich sofort an die Arbeit. Einige Wochen später, am 24. August, wurde die damals entstandene Abhandlung in der kursächsischen Stadt Pegau, die an der Elster auf halbem Wege zwischen Leipzig und Zeitz, der Residenz des Bischofs von Naumburg, liegt, mit den katholischen Landesbischöfen Pflug von Naumburg und Maltitz von Meißen beraten und leicht verändert. Auf evangelischer Seite waren Georg von Anhalt, der evangelische Bischof von Merseburg, sein Stiftssuperintendent Johannes Forster und die Wittenberger Professoren Melanchthon und Paul Eber beteiligt, dazu kurfürstliche Räte. Wie subtil die anstehenden Fragen waren, zeigt der Streit, der auf die gemeinsame Verabschiedung folgte: Pflug und Maltitz begründeten ihre Zustimmung damit, daß diese Formel dem Augsburger Interim entspreche, was von Melanchthon bestritten wurde. Die Pegauer Formel hätte beinahe den Rang einer Kirchenordnung für Kursachsen und Kurbrandenburg erhalten, denn sie wurde Bestandteil der Vorlage eines Religionsgesetzes für Kursachsen, worüber Ende Dezember 1548 ein Landtag in Leipzig beriet.

Dieses Gesetz wurde damals nicht rechtskräftig verabschiedet. Bald war es ein Hauptziel der von Matthias Flacius und seinen Gesinnungsgenossen, den sogenannten Gnesiolutheranern, geübten Kritik an der kursächsischen Religionspolitik. Diese Kritik entzündete sich weniger an den Lehrstücken, die von Melanchthon im evangelischen Sinn formuliert waren, als an äußerlichen Bestimmungen, insbesondere dem Tragen des weißen Chorrocks bei gottesdienstlichen Handlungen, einem Brauch, der regional auch in lutherischen Gebieten üblich war und ist und deshalb als Adiaphoron, als etwas Neutrales, betrachtet wurde. Melanchthon und seine Kollegen haben die Wirkung solcher Äußerlichkeiten auf die Emotionen unterschätzt. Der Streit um die Adiaphora verhinderte auch die Publikation einer großen Agende, die Georg von Anhalt für Kursachsen ausarbeitete. Diese Agende wird durch einen Lehrteil, eine kurzgefaßte Dogmatik, eingeleitet, der – wie kann es anders sein – von Melanchthon verfaßt wurde. Hierin ist die Pegauer Formel, neuerlich verändert, ebenfalls enthalten.

Über das Meßopfer wurde in Pegau nur kurz gesprochen. Ein Briefwechsel zwischen Julius Pflug einerseits und Georg von Anhalt mit Melanchthon andererseits führte die Diskussion weiter. Pflug lieferte eine große Darstellung seiner Meßopferlehre. Melanchthon erörterte das Problem in mehreren Entwürfen, bis dann die klare Abhandlung fertig war, die er auf dem Jüterboger Konvent vom Dezember 1548 vorlegte.

So interessant die vom Interim ausgelösten Beratungen über mögliche Kompromisse zwischen reformwilligen Katholiken und gesprächsbereiten Protestanten für uns heute als Modelle für das ökumenische Gespräch sein mögen, historisch war dies alles ein Mißerfolg. Das kaiserliche Interim galt nur so weit, wie des Kaisers Waffen reichten. Selbst seine politischen Verbündeten, die Kurfürsten von Sachsen und Brandenburg, die auf ihre evangelischen Untertanen Rücksicht nehmen mußten, ließen verhandeln und debattieren, bis nichts mehr übrigblieb. In Norddeutschland konnte man sich einigermaßen sicher fühlen, und die katholischen Reichsstände, mehr als die Hälfte, hatten sich als nicht tangiert erklärt. Rom war ohnehin empört über die Eigenmächtigkeit des Kaisers.

Da brachte die Wahl eines neuen Papstes neue Impulse für das ökumenische Konzil von Trient, das ja die Reform der Kirche zum Ziel hatte. Julius III., der als Kardinal del Monte dem Konzil präsidiert und stets den Vorrang des Papstes beachtet hatte, war, anders als sein Vorgänger, der Farnesepapst Paul III., auf ein gutes Verhältnis mit Kaiser Karl bedacht. Er berief demgemäß das Konzil wieder nach Trient ein. Auch die Protestanten sollten nun gehört werden. Für Melanchthon hieß das wieder einmal: ein Bekenntnis verfassen. Es ist die Confessio Saxonica von 1551.

II

Hierin bringt Melanchthon die Streitpunkte auf eine Formel, an die wir uns halten, wenn wir nun den Gegensatz zwischen reformatorischer und katholischer Theologie inhaltlich ein wenig genauer betrachten wollen. In der Confessio Saxonica schreibt Melanchthon: Die entstandenen Lehrstreitigkeiten lassen sich zwei Sätzen des apostolischen Glaubensbekenntnisses zuordnen: Ich glaube die Vergebung der Sünden, *credo remissionem peccatorum*, und: Ich glaube die heilige katholische Kirche, *credo ecclesiam sanctam catholicam*. Rechtfertigungslehre und Ekklesiologie sind also die Hauptthemen, um die es im interkonfessionellen Gespräch geht.

Die Rechtfertigung betrifft primär das persönliche Gottesverhältnis, hier kommen religiöse Grundanliegen zur Sprache, die man gegenseitig verstehen lernen und tolerieren kann. Sie eignen sich für das Modell einer Konkordie, bei der jeder Beteiligte den anderen eine gewisse Bandbreite der Lehrformulierungen zugesteht, nachdem ein gemeinsames Grundanliegen festgestellt wurde. Die lutherischen und reformierten Kirchen haben dies in der Abendmahlslehre realisiert, 1536 vorbereitet durch Bucer und Melanchthon in der Wittenberger Konkordie, in unserer Zeit durch die Leuenberger Konkordie 1974. Dazwischen war diese einmal erreichte Verständigung wieder in Vergessenheit geraten. Denn Konkordien entstehen nicht von selbst, sie brauchen »Sachzwänge«, seien es Befehle einer Obrigkeit oder die Einsicht in die weltpolitische Lage. Und sie wollen gepflegt sein wie Freundschaften, sonst fällt jeder in sein Lieblingsdenken und -reden zurück. Dies ist auch der Einigung über die Rechtfertigung widerfahren, die manchmal greifbar nahe schien und schon auf dem Papier stand, aber dann doch keine ausreichende Mehrheit fand, in keinem der beiden Lager.

Artikel 4 der CA von 1530 formuliert die evangelische Position äußerst knapp und doch erschöpfend: Gerechtigkeit vor Gott erlangen wir nicht durch unser Tun, sondern »aus Gnaden um Christus willen durch den Glauben«, *gratis propter Christum per fidem*. Diesen Glauben an den Erlöser Christus rechnet Gott als unsere Gerechtigkeit an: *Hanc fidem imputat Deus pro iustitia coram ipso*. Den Verfassern der Confutatio ist dies zu abstrakt, da fehlt etwas. Pelagianer wollen auch sie nicht sein; seit Augustin ist es Lehre der abendländischen Kirche, daß der Mensch nicht aus eigenen Kräften das Heil erlangen kann. Aber einfach zu glauben, das ist den Katholiken zu wenig, da muß doch noch im Menschen sich etwas verändern, er muß besser werden, bevor ihn Gott für gerecht anerkennt. Dieses im Menschen Vorfindliche nennen die Konfutatoren »Werke«. Sie betonen, daß diese Werke nicht aus menschlichen Kräften verdienstlich sind, sondern aus göttlicher Gnade dazu werden; aber sie müssen doch da sein. Und den Verdiensten entspricht dann auch ein Lohn.

Bei den Ausschußberatungen im August 1530 hat Eck den Streit um den Begriff ›Verdienst‹ als Wortkampf bezeichnet. Er sah hierin keine sachliche Differenz, da nach der Meinung der Konfutatoren die Verdienste nicht aus menschlichen Kräften, sondern aus der Gnade stammen. Die reformatorische Rede vom ›sola fide‹ lehnte er allerdings ab, weil sie ärgerniserregend sei, weil sie ungewöhnlich und neu sei, und – nun kommt ein sachlicher Grund, das andere sind Formalien –: weil ja nicht der Glaube allein rechtfertige, sondern der Glaube, der in der Liebe wirkt, also eigentlich die Liebe, die nach 1. Kor. 13 die größte der christlichen Kardinaltugenden ist. Damit war der Gegensatz auf den Begriff gebracht: Rechtfertigung aus Glauben allein oder aus letztendlich der Liebe, das heißt einer Qualität des Menschen, die sich in Werken äußert.

In einer bisher unbekannten kleinen Abhandlung erläuterte Melanchthon dem kaiserlichen Hofprediger Aegidius das Anliegen der reformatorischen Rechtfertigungslehre folgendermaßen: Obgleich der Glaube notwendigerweise die Liebe hervorbringt, sagen wir, daß der Glaube rechtfertigt und nicht die Liebe, und zwar aus drei Gründen: 1. Wenn man sagt, die Liebe rechtfertigt, so legt man sich selbst irgendein Verdienst bei, wogegen der Glaube nur auf das Verdienst Christi blickt. Die Liebe wird vom Gesetz gefordert und ist in diesem Leben niemals vollkommen, weshalb das Gewissen niemals ruhig sein kann, wenn wir auf unsere Gerechtigkeit und nicht auf Christi Verdienst unser Vertrauen setzen. 2. Die Redeweise »der Glaube rechtfertigt« beschreibt auch, wie die Rechtfertigung geschieht, nämlich durch das Wort, durch das Evangelium, dessen Summe nach Luk. 24,47 die Predigt von Buße und Sündenvergebung ist. Es zeigt die Sünde, erschreckt das Gewissen, bewirkt die Reue. Zugleich weist es auf das Verdienst Christi und die Vergebung der Sünden, gibt Trost, zeigt, daß Gott versöhnt ist, und bewirkt so, daß wir Gott lieben und den Heiligen Geist empfangen. 3. Schließlich ist die Rede von der Glaubensrechtfertigung leicht verständlich. Man spürt den Trost, der davon ausgeht, wogegen die Liebe nicht so leicht feststellbar ist. Gleichwohl gilt: Der wahre Glaube bringt wahre Liebe hervor; beide sind untrennbar.

Katholische Theologen können dies verstehen und bejahen. Eck fand in Augsburg eine Kompromißformel, die weder ›sola‹ noch ›Verdienst‹ gebrauchte, sondern sagt: die Vergebung der Sünden geschieht formaliter, das heißt wesentlich, durch die angenehm machende Gnade *(per gratiam gratum facientem)* und durch den Glauben, instrumentaliter durch Wort und Sakramente. Nachdem die katholischen Kolloquenten, vor allem Eck, anerkannt haben, daß der Glaube rechtfertigt, nicht irgendwelche Verdienste, kann der Verzicht auf das verdeutlichende, aber mißverständliche ›sola‹, den Melanchthon leistete, nicht als Nachgeben in der Sache verstanden werden, wie man ihm immer wieder vorwirft. Der Kompromiß bestand also darin, daß die Rechtfertigung aus Gnade und Glaube geschieht. Damit war das ›sola‹, das ohnehin nicht die Gnade, sondern die Werke ausschließen soll, als Formel aufgegeben. Von der anderen Seite wurde die Glaubensgerechtigkeit anerkannt. Melanchthon sah genau, daß dies nur ein Kompromiß der Worte war, nicht wirklich der theologischen Grundanschauung. In seinem Bericht an Luther vom 22. August schreibt er über Eck: Ich zwang ihn zuzugestehen, daß wir zu Recht die Gerechtigkeit dem Glauben zuschreiben. Dennoch wollte er, daß wir schreiben: durch Gnade und Glauben. Melanchthon erhob keinen Einspruch, meinte aber, daß Eck nicht versteht, was Gnade ist. In der Tat: Für Melanchthon war Gnade das Wirken des Heiligen Geistes, der den rechtfertigenden Glauben bewirkt, für Eck und die Katholiken etwas, das dem Menschen eine neue Qualität verleiht.

Die Gegensätze brachen beim Fortgang des Disputs über Bußstrafen und Verdienst sofort wieder auf. Hier gab es keine Einigung. Melanchthons Apologie der CA bezieht sich demnach nicht auf jenen Kompromiß, sondern rechnet mit der Confutatio und der Scholastik ab und verteidigt das ›sola fide‹. Aber – dies ist meine Meinung über einen solchen Kompromiß: Wäre er von beiden Seiten ratifiziert worden, dann wäre die organisatorische Einheit oder wenigstens friedliche Koexistenz beider Teilkirchen ermöglicht worden, und die Argumente hätten sich durchsetzen können und müssen, nicht die politisch-militärischen Machtverhältnisse.

Der Wille des Kaisers zwang gut zehn Jahre später Melanchthon und Eck erneut an einen Tisch zur Debatte über die Glaubenslehren. Zur Diskussion stand ein langatmiger Entwurf der Rechtfertigungslehre, der den Anliegen beider Parteien durch die Lehre einer doppelten Rechtfertigung entgegenkommen wollte. Diese von Gropper formulierte Lehre findet in der Schrift – man argumentiert nicht scholastisch-systematisch, sondern biblisch – eine doppelte Rechtfertigung: die eine wird ohne vorangehende Werke oder Verdienste *gratis per fidem* empfangen. Christus nennt sie Wiedergeburt, Paulus Rechtfertigung des Gottlosen. Sie bewirkt Sündenvergebung und den Geist der Erneuerung. Die andere ist die Rechtfertigung durch Werke, die aus dem Glauben und der Liebe entsteht, und heißt auch Heiligung. Wiedergeburt und Heiligung werden hier als Rechtfertigung aus Glauben und Rechtfertigung aus Werken verstanden. Zur Rechtfertigung gehören beide. Damit ist aber für reformatorisches Denken die Heilsgewißheit nicht mehr gegeben.

Melanchthon stellte dem einen ganz anderen Denkansatz entgegen. Sein dreiteiliger Artikel beginnt mit dem Gesetz. Während die Katholiken von den Lutheranern inzwischen gelernt hatten, daß alle Menschen Sünder sind und der Gnade bedürfen, hielt es Melanchthon nun wieder für nötig, von der sogenannten Gerechtigkeit des Fleisches zu reden. Alle Menschen können das Gesetz äußerlich erfüllen und sollen dies auch. Teil 2 über die Rechtfertigung lehnt sich an die CA an, die in ihrer den Kolloquenten der Religionsgespräche von 1540/41 vorliegenden Neuausgabe, der Variata, auch in Artikel 4 einen völlig neuen Text bot. Die Evangeliumspredigt rügt die Sünden und führt zur Buße; der innere Mensch erschrickt vor dem Zorne Gottes, glaubt, daß ihm die Sünden um des Mittlers willen *gratis* vergeben sind, und erlangt damit Sündenvergebung und den Heiligen Geist, wobei schon dieser Glaube vom Geist bewirkt wurde und untrennbar mit der Liebe verbunden ist. Melanchthons Anliegen dabei ist: Jedes eigene Verdienst und damit jeder Zweifel sollen ausgeschlossen sein; das Vertrauen richtet sich nur auf Christus. Deutlich abgetrennt davon behandelt er in einem dritten Abschnitt den neuen Gehorsam. Der kann nun sogar als verdienstlich bezeichnet werden, nicht nur aus Entgegenkommen gegen die Scholastik, sondern Melanchthon glaubt im Sinne der deuteronomistischen Geschichtstheologie, daß Gott den Gehorsam belohnt, und zwar schon auf Erden. Indem Melanchthon den Terminus Rechtfertigung ausschließlich für die Freisprechung des Sünders allein aus Gnade verwendet, kann und muß er davor und danach massiv vom Gesetz reden. Groppers Lehre von der doppelten Gerechtigkeit dagegen subsumiert unter dem Begriff Rechtfertigung sowohl diese Begnadigung des Sünders als auch die Heilung des Wiedergeborenen. Die Heilsgewißheit, an der den Reformatoren so viel liegt, wird dadurch wieder an die Erneuerung des Sünders gebunden, das Tor zur Werkgerechtigkeit bleibt offen.

Die endgültige Fassung, auf die sich Melanchthon, Bucer, Pistorius einerseits und Eck, Gropper, Pflug andererseits einigen konnten, setzt bei der Sündhaftigkeit aller Menschen ein. Erlösung ist nur durch den Mittler Christus gegeben, durch dessen Gnade wir nicht nur mit Gott versöhnt und von der Knechtschaft der Sünde befreit werden, sondern auch Teilhaber der göttlichen Natur *(consortes divinae naturae,* 1. Petr. 1,4) und Kinder Gottes werden. Der Rechtfertigungsvorgang wird ganz im Sinne Melanchthons beschrieben. Die Wohltaten *(beneficia)* Christi erlangt man als Erwachsener – bei der Säuglingstaufe ist es anders – nur dadurch, daß der Heilige Geist in die Buße führt und danach den Glauben an Gottes Verheißungen bewirkt, woraus Vertrauen entsteht, und so empfängt der Mensch den Heiligen Geist, die Vergebung der Sünden und die Anrechnung der Gerechtigkeit *(imputationem iustitiae).* Dies ist die forensische Rechtfertigungslehre Melanchthons. Der Begriff Gnade, die in der Scholastik als *habitus*, als etwas dem Menschen Einwohnendes, verstanden wird, ist ersetzt durch den Heiligen Geist, was im Sinne Augustins dasselbe ist. Aber die Wortwahl betont die Freiheit und Allwirksamkeit Gottes. Von einem *facere quod in se est* ist ohnehin auch bei den katholischen Gesprächspartnern nicht mehr die Rede. Auslösend ist der Geist. In dem Ausdruck *praeveniente motu spiritus sancti* konnten die Thomisten ihre *gratia praeveniens* wiedererkennen.

Doch ganz ohne Absicherung mochten die katholischen Kolloquenten diese Rechtfertigungslehre nicht stehen lassen. Der folgende Abschnitt stellt klar, daß es sich um den lebendigen und wirkenden Glauben handelt: *per fidem vivam et efficacem iustificari peccatorem.* Es ist ja die alte Sorge der Katholiken, der rechtfertigende Glaube könne als bloßes Fürwahrhalten, als *fides historica*, verstanden werden, den nach Jak. 2,19 auch die Teufel haben. Der lebendige Glaube wird als Wirkung des Heiligen Geistes definiert, den man nur empfängt, wenn gleichzeitig die Liebe eingegossen wird, die den Willen heilt: *nisi etiam simul infundatur caritas sanans voluntatem;* und dieser geheilte Wille beginnt das Gesetz zu erfüllen. Dies ist die katholische Komponente dieses Lehrkompromisses. Die Katholiken können eine nur in Gottes Urteil bestehende Rechtfertigung nicht akzeptieren, es muß auch etwas im Menschen geschehen. Der rechtfertigende Glaube wird in Anlehnung an Gal. 5,6b näher bestimmt als Glaube, der in der Liebe tätig ist. Das konnten und wollten auch die Reformatoren nicht bestreiten. Nur hängt für sie von der tätigen Liebe nicht die Rettung des Sünders ab. Ihnen geht es um die Heilsgewißheit. Diesem Anliegen entspricht der Regensburger Kompromiß, indem er fortfährt: Zwar hat der Gerechtfertigte die Gerechtigkeit auch einwohnend; dennoch verläßt sich die gläubige Seele nicht auf diese einwohnende Gerechtigkeit, sondern allein auf die geschenkte Gerechtigkeit Christi. So werden wir aus Glauben für gerecht gehalten. Der im Hinblick auf die eigene Gerechtigkeit entstehende Zweifel ist zu bekämpfen. Anderseits ist ein Wachsen in der Erneuerung zu erwarten, das auch Lohn empfängt, ein Gedanke, der (wir haben es gehört) auch Melanchthon nicht fremd ist. Abschließend wird sogar die Redeweise ›sola fide‹ erläutert und akzeptiert.

Luther nannte diesen Kompromiß spontan eine *weitläufige und geflickte Notel, darin sie recht und wir auch recht haben.* Als Gutachter für seinen Kurfürsten mußte er aber zugeben: *Im Artikel von der Iustification ist sehr wol gered vornher und an mehr orten, das alle menschen, in sünden geboren, kinder des zorns, nichts vermögen und allein durch den Mittler Jesum Christum müssen zu gnaden kommen und selig werden... Da sind wir ganz eins.* Er fand am Wortlaut des Artikels nichts auszusetzen, aber er vermißte ein Schuldbekenntnis der katholischen Theologen und eine Verwerfung bisheriger Irrlehren, die den Synergismus eines Gabriel Biel betrafen, unter dem er selbst gelitten hatte, die aber thomistisch geprägte Theologen wie Gropper und Pflug nicht tangierten. Er meinte: *Denn es ist nicht allein not, was recht ist zu lehren, sondern ... auch zu warnen vor dem, was unrecht ist. Man muß nicht allein die Schaf weiden, sondern auch den Wölfen mit Keulen und Hunden wehren... Darum ist dieser Artikel, so er sollt also bloß und wackelent ausgeschrieben werden, viel zu dünne* (= unentschieden), *und würde viel mehr Ungleichnis und Uneinigkeit erregen, weder bisher geschehen.* Mit einer solchen Einstellung läßt sich keine Konkordie machen. In Rom dachte man genauso. Die Begeisterung des Kardinals Contarini über den Regensburger Erfolg fand dort keinen Widerhall. Hinzu kam, daß die Unvereinbarkeit der anderen Lehrstücke den Kompromiß in der Rechtfertigungslehre nicht zum Tragen kommen ließ.

Deutlich werden die Gegensätze schon beim nächsten Thema, der Ekklesiologie, die wir abschließend noch betrachten wollen. Es geht dabei nicht so sehr um die allgemeinen Aussagen, was Kirche sei; darüber kann man sich verständigen. Der Streit entzündete sich an Artikel 9 des Regensburger Buchs: ›De autoritate ecclesiae in discernenda et interpretanda scriptura‹. Daß die Heilige Schrift verbindliche Lehrnorm ist, lehrt auch die katholische Kirche. Der Streit entsteht da, wo es um die Auslegung der Schrift geht. Das Regensburger Buch, langatmig auch hier, formuliert recht behutsam und allgemein. Man muß fast zwischen den Zeilen lesen, was gemeint ist, wenn von der Universalkirche und ihrem *perpetuus consensus* gesprochen wird. Entsprechend moderat ist Melanchthons Gegenartikel: Der Kirche gebührt nach Gott und Gottes Wort die höchste Ehrerbietung. Aber ihre Vollmacht, die Schrift auszulegen, ist nicht an bestimmte Personen und Orte – gemeint ist Rom –

gebunden, und der Glaube steht auf dem Wort Gottes, der Bibel. Die Kirche entscheidet Lehrstreitigkeiten, ja, aber Konzile können auch irren.

Unverblümter formuliert das Interim, und entsprechend schroffer fällt Melanchthons Kritik aus. Auch in der Rechtfertigungslehre hält sich das Interim nicht an den Regensburger Kompromiß, sondern bindet die Rechtfertigung an die eingegebene Liebe, weshalb Melanchthon die Heilsgewißheit in Frage gestellt sah und diesen Artikel ablehnen mußte, obwohl der äußere Druck zur Annahme viel stärker war als in Regensburg. Über die Kirche sagt das Interim zunächst vieles, das dem Wortlaut nach konsensfähig ist, wenngleich auch hier Rückfragen nötig sind. Kritisch wird es beim Artikel 11 ›Von dem gewalt und auctoritet der kirchen‹. Hier wird ziemlich deutlich gesagt und jedenfalls von Melanchthon so verstanden, daß die Bischöfe als Repräsentanten der Kirche gemeint sind, durch deren lückenlose Sukzession der Heilige Geist die Kirche leitet, in Streitfällen in einem Konzil, und daß durch die Kette der Bischöfe auch Traditionen außerhalb der Schrift überliefert sind, die auf Christus und die Apostel zurückgehen. Die Kirche hat den Papst als monarchische Spitze, aber im Unterschied zu den Bischöfen nicht aus göttlichem Recht. So die Meinung des Interims, das also die konziliare Tradition der katholischen Kirche vertritt. Melanchthon und seine Mitgutachter lehnen die Bindung des Heiligen Geistes an die Hierarchie ab; sie beweisen dies mit der Kirchengeschichte, wo der Geist oft außerhalb der ordentlichen Gewalten gewirkt hat und bei einer Minderheit war.

In der für das Trienter Konzil bestimmten Confessio Saxonica entfaltet Melanchthon seine Ekklesiologie vom Heilsplan Gottes in der Schöpfung her. Das Menschengeschlecht entstand nicht aus Zufall (ein gegen das atomistische Weltbild Demokrits und Epikurs gerichteter zentraler Glaubenssatz Melanchthons), sondern Gott wollte sich eine Kirche versammeln, der er in alle Ewigkeit seine Weisheit, Güte und Freude mitteilen will. Angesichts der Realität von Verachtung des Wortes Gottes und Spaltungen in sogenannten Kirchen ist Zweifel an der Existenz der Kirche verständlich und verbreitet. »Ich glaube, daß es eine heilige allgemeine Kirche gibt«, ist ein echter Glaubenssatz. Gleichwohl ist die Kirche keine platonische Idee, sondern die sichtbare Versammlung derer, die sich an das Evangelium Christi halten und die Sakramente recht gebrauchen. Hier und nirgendwo sonst wirkt Gott durch den Dienst am Evangelium *(ministerium Evangelii)* und erneuert viele zum ewigen Leben. In dieser Versammlung gibt es aber auch viele, die nicht heilig sind und doch in der wahren Lehre übereinstimmen. Keine Glieder der Kirche sind, unabhängig von Titel und Macht, diejenigen, die eine vom Evangelium abweichende Lehre vertreten und Götzendienst aufrichten. Melanchthon zählt solche Irrlehren auf: Man kann durch Gesetzeserfüllung die Sündenvergebung verdienen (das ist der Pelagianismus). Der Bekehrte muß an seinem Gnadenstand zweifeln (dies geht gegen das Tridentinum). Man soll zu toten Menschen beten (dies trifft die vulgäre Heiligenverehrung). Fastengebote und Mönchsgelübde sind Gottesdienst. Das Meßopfer verdient Sündenvergebung. Bischöfliche Gottesdienstordnungen verletzen ist Todsünde. Zölibat auferlegen. Aufzählung der Sünden ist unerläßlich für deren Absolution. Bußstrafen ersetzen das Fegfeuer. Bischöfliche Konzile können nicht irren. Weihehandlungen gegen Sünde, Teufel und Krankheiten. Wundertätige Heiligenbilder. Tötung von Kritikern dieser Irrlehren. Mit dieser Liste exkommunizieren Melanchthon und die vielen Unterzeichner der Confessio Saxonica die gesamte römische Kirche.

Die in Trient versammelten Konzilsväter mußten sich damit nicht auseinandersetzen. Melanchthon und die anderen kursächsischen Delegierten kamen nur bis Nürnberg. Da brach der Fürstenkrieg aus. Moritz von Sachsen zog gegen den Kaiser. Das Konzil löste sich auf. Der Passauer Vertrag bahnte den Weg für den Religionsfrieden von 1555, der die lutherischen Landeskirchen vor Verfolgung schützte. Es begann die Zeit der Orthodoxie und der Gegenreformation. In Bayern wurde die Inquisition eingerichtet. Zur Prüfung der Rechtgläubigkeit im römischen Sinn wurde von Jesuiten ein Fragekatalog ausgearbeitet. Von den 31 Fragen handeln Nr. 1–7 von der Kirche, Nr. 8 von den sieben Sakramenten, Nr. 9–18 vom Altarsakrament, Nr. 18–24 von Buße und Rechtfertigung usw. – man beachte den Grad der Dringlichkeit. Alles ist äußerst konservativer Katholizismus, keine Spur von Regensburg oder Interim. Melanchthon publizierte diesen Katalog deutsch mit einer Vorrede vom 3. Oktober 1558 und danach lieferungsweise lateinisch seine kritischen Antworten.

Eine zentrale Frage müssen wir davon noch behandeln, die von der römischen Kirche vertretene Irrtumslosigkeit rechtmäßiger ökumenischer Konzile. Melanchthon dagegen und die ganze Reformation nehmen in Anspruch, vom Worte Gottes her auch Konzilsbeschlüsse kritisieren zu können und zu müssen. Damit stellt sich bis zum heutigen Tag die Frage nach der letzten Autorität. Die Kirche ist für Melanchthon nicht an die Bischöfe gebunden, sondern an das Evangelium. Wenn Amtsträger Irrlehren verbreiten, erweckt Gott andere Verkündiger des Evangeliums. Melanchthon weiß, daß dadurch Spaltungen entstehen, und er kennt die Forderung politisch denkender Menschen nach Ordnung und Instanzen. Aber die Kirche ist für ihn eben nicht wie ein Staatswesen organisiert, wo es einen König gibt mit Erbfolge, wo die Gesetze vom König erlassen, letztinstanzlich interpretiert und mit Polizeigewalt durchgesetzt werden. So geht es im Papsttum zu. Für Melanchthon ist die Kirche zwar sichtbar, aber nicht einem Staatswesen vergleichbar, sondern einer Genossenschaft von Universitätsangehörigen. Sie hat ihre Ordnung, es gibt Unterschiede von Lehrenden und Lernenden, es gibt Grade: Apostel, Hirten, Lehrer. Es gibt aber keine Mehrheitsentscheidung, sondern es gilt, was dem Wort Gottes und den frommen Lehrern entspricht. Dies ist keine petitio principii, sondern der Glaube daran, daß Gott in seiner Kirche die Wahrheit nicht untergehen läßt, auch wenn sie meist in der Minderheit und unter dem Kreuz ist. Daß der Heilige Geist im Widerstreit der theologischen Lehrmeinungen der Wahrheit zum Sieg verhelfen wird, ist eine Glaubensüberzeugung. Die Annahme, daß er eo ipso in einer Amtskirche wirkt, erfordert aber mindestens ebensoviel Glauben wie die Hoffnung, daß er trotz Streit, Zerstreuung und Verfolgung seine Kirche nicht untergehen läßt.

Ich komme zum Schluß. In der Reformationszeit war die Ekklesiologie noch nicht dogmatisch festgeschrieben. Wir haben es mit theologischen Meinungen zu tun. Seit 1870 gibt es das Unfehlbarkeitsdogma. Die durch das Zweite Vatikanische Konzil geweckte Hoffnung, daß die Praxis in der katholischen Kirche einer größeren Kollegialität der Bischöfe und Mitwirkung des Kirchenvolkes Raum lassen würde, wurde nur in geringem Maße erfüllt. Melanchthons Unterscheidung von Monarchie und Kollegialität, von Bindung des Heiligen Geistes an die Hierarchie und Vertrauen in sein freies Wirken, beschreibt noch immer zutreffend einen Hauptunterschied der römischen und reformatorischen Kirchen. Dieser »garstige Graben« wird m. E. in absehbarer Zeit nicht überbrückt werden können. Die verfaßten Kirchen werden getrennt bleiben, und wir müssen zufrieden sein, wenn sie sich nicht feindlich begegnen. Um so wichtiger ist es, daß die einzelnen Christen in den getrennten Kirchen das Bewußtsein gewinnen, daß in der für den einzelnen zentralen Frage von Sünde und Gnade, von Ermöglichung seines kontingent vorfindlichen Daseins angesichts des Seins, eine tiefliegende Übereinstimmung vorhanden und deshalb bei Bedarf feststellbar ist, wie immer man Frage und Antwort formulieren mag. Denn heute gibt es dafür noch andere Möglichkeiten als die Formeln der Scholastik und der Reformation.

ECKEHARD UHLIG, Melanchthon-Gymnasium Bretten

Melanchthon und Bretten – eine Spurensuche

Der große Sohn Brettens

Die Höhepunkte der vielgestaltigen Lokalgeschichte und -kultur vorzuzeigen, entspricht in Bretten nicht nur einer modischen Zeittendenz: Insbesondere das Andenken Philipp Melanchthons wird hier seit jeher gepflegt und hochgehalten – wenn auch die Intensität der Beschäftigung mit dem größten Sohn der Stadt im Laufe der Jahrhunderte gewissen »konjunkturellen« Schwankungen unterlag.

Schon der 1501 geborene und 1565 gestorbene Georg Schwartzerdt, Schultheiß zu Bretten (das heißt landesherrlich-kurpfälzischer Amtsverwalter und Vertreter des Vogts), hat mit seiner den bunten Wechsel der Ereignisse auf der großen Weltbühne, in der Kurpfalz und der näheren Heimat widerspiegelnden »Pfälzischen Reimchronik« seinem vier Jahre älteren Bruder ein literarisches Denkmal gesetzt. Unter dem Stichjahr 1560 vermeldet der Chronist:

Der weitberühmt und hochgelehrt / Philipp Melanchthon, zu teutsch Schwartzerdt, / mein lieber bruder, dem Gott gnadt, / sein letsten tag geendet hat / zu Wittenberg in Saxenlandt. / Sein nam war aller welt bekant, / Brettheim sein vaterland ist gewesen, / da hat er gelernt schreiben und lesen, / hat gelebt drey und sechzig jahr / biß er, wie vorsteet, tots verfahr / im monat Aprilis den 19. tag, / des war bei den gelehrten grose klag. / Billich solt ich meer von ihm schreiben, / so wil ichs dabei lassen bleiben, / weil er mein leiblicher bruder war, / Gott für in an der engel schar[1].

Geradezu bescheiden, doch mit dem Unterton brüderlichen Stolzes geschrieben, klingt dieser Nachruf auf einen fürwahr weltberühmten und hochgelehrten Mann, der nicht nur als Mitstreiter Martin Luthers die Reformation mitgestaltet und die weltweit anerkannte Grundschrift des Protestantismus, das Augsburger Bekenntnis (Confessio Augustana), verfaßt, sondern sich durch seine unermüdlichen humanistischen Studien als Griechischprofessor, Autor grundlegender Unterrichtswerke zur Grammatik der klassischen Sprachen, Universitätsreformer und Schulgründer den Ehrennamen »Lehrer Deutschlands« *(Praeceptor Germaniae)* wie kein anderer verdient hat. Wie wurde der Ruhm des am 16. Februar 1497 in Bretten geborenen und am 19. April 1560 in Wittenberg verstorbenen Philipp Melanchthon in seiner beschaulichen Vaterstadt »verkraftet«, welche Spuren zeugen von ihm?

---

[1] Zitiert nach: A. SCHÄFER, Urkunden, Rechtsquellen und Chroniken zur Geschichte der Stadt Bretten, Bretten 1967, 263.

Spuren aus der Zeit Melanchthons

Ein Bild des mittelalterlichen Bretten, wie es Melanchthon gekannt haben dürfte, können wir uns dank einer beachtlichen heimatkundlichen Forschung[2] ausmalen und den südöstlichen Vorposten der Kurpfalz, die enge Oberamtsstadt, trotz ihrer nahezu völligen Zerstörung durch französische Truppen im Pfälzischen Erbfolgekrieg am 13. August 1689 zumindest in Umrissen nachzeichnen. Matthäus Merians bekannter Kupferstich von Bretten aus dem Jahre 1645 zeigt im Ortsmittelpunkt die dem hl. Laurentius gewidmete Stadtkirche (heute evangelische Stiftskirche), welche mit ziemlicher Sicherheit Taufkirche Melanchthons war und als einziges der markanten Gebäude die Katastrophe von 1689 einigermaßen heil überstand. Auf der Nordwand des Kirchturms war nach Berichten des Brettener Reiseschriftstellers und »Pfälzischen Robinson« Michael Heberer (um 1560–etwa 1630) ein lebensgroßes Bildnis des Reformators Philipp Melanchthon aufgemalt und mit einer vierzeiligen, lateinischen Unterschrift versehen.

O Cives Patriae, moniti, confidite sancto / Corde Deo, cujus nos pia dextra tegit. / Vivite concordes, defendite rura paterna / Concors sit verae religionis amor.

(»Ihr Bürger seid ermahnt, traut Gott / Der uns erhält in aller Not. / Seid friedsam, schützt das Vaterland, / Einig im Glauben mit Bestand!« [Übersetzt nach Heberer])[3].

Anhaltspunkte für eine genaue zeitliche Einordnung des Freskos sind nicht vorhanden. Nach einem Bericht des bayerischen Amtmanns von Pfeilberg wurde das Bild jedoch 1624 übermalt und im Rahmen der Rekatholisierung der Pfalz während der kurbayerischen Okkupation durch ein Wandgemälde der Muttergottes mit Kind ersetzt. Eine in zwei Zeilen angeordnete Beischrift lautete:

Tutior, o cives, Divae sub virginis alis / Vestra salus, quam si vos NIGRA TERRA tegat.

(»Sich'rer steht euer Heil bei der göttlichen Jungfrau Maria / Als wenn euch Schwartzerdt schirmt, das, ihr Bürger, bedenkt!« [wie Anm. 3]).

Der Familienname Melanchthons, Schwartzerdt, ist hier in lateinischer Fassung wiedergegeben – wie auch der übrige Text ein Anflug von Spott. Vermutlich wurde das Distichon von aufgebrachten Brettener Bürgern noch im Verlauf des Dreißigjährigen Krieges wieder entfernt. Das Brettener Rathaus, dessen Bau laut einer noch vorhandenen Inschrift 1435 begonnen und 1480 im gotischen Stil vollendet wurde, nach dem Merian-Stich mit einem hohen Dachreiter verziert war und eine reiche Ausstattung besessen haben soll, wurde dagegen 1689 von der marodierenden Soldateska in Schutt und Asche gelegt. Diesen mittelalterlichen Vorgängerbau des 1787 errichteten und 1888 erweiterten heutigen »Alten Rathauses« schmückten

---

2 Insbesondere A. SCHÄFER, Geschichte der Stadt Bretten. Von den Anfängen bis zur Zerstörung im Jahre 1689, Bretten 1977.
3 Vgl. A. SEELIGER-ZEISS (Hg.), Die Inschriften des Großkreises Karlsruhe, München 1981, 196 f.

wahrscheinlich noch zur Lebenszeit Melanchthons nach mehreren verläßlichen Zeugnissen – darunter ein Hinweis des aus Menzingen stammenden Schülers und Hausgenossen Melanchthons, des bedeutenden Reformators David Chyträus (1530–1600) – zwei lateinische Sinngedichte, wobei das erste einen zweizeiligen Lobspruch darstellte:

Bretta, quod egregii patria es praeclara Philippi / Hoc satis ex uno nobilitatis habes.

(Das Distichon hat Pfarrer J. H. Reiz aus Schluchtern im Frühjahr 1686 im Gasthaus Krone bei einer Brettener Pfarrkonferenz folgendermaßen eingedeutscht: »Was fehlt Dir, Bretten, noch an deinem Adelsstand? / Genug, daß Du bist und heißt Melanchthons Vaterland!«).

Das andere Epigramm geht auf die Verteidigung der Stadt gegen Herzog Ulrich von Württemberg im Jahre 1504 ein (Erwähnung des Pfälzer Löwen und des schwäbischen Hirsches), wurde von dem Humanisten und Melanchthon-Verehrer Ulrich von Hutten (1488–1523) verfaßt und von Michael Heberer in eine deutsche Fassung gebracht:

Fortibus ampla Viris, speciosoque aucta triumpho, / Salve Bretta, tuo fide reperta Duci. / In te nil timidi potuerunt cornua cervi, / Sueva Palatinus contudit arma Leo. / His nova doctiloqui jungit se fama Philippi / Primus erit vates moenibus ille tuis.

(»Ich grüße Bretten die wehrte Stadt, / Die ihrem Herrn gross trew that, / Als der Pfaltz Loew den Hirsch der Schwaben / Mit Forcht macht in die Flucht wegtraben, / Zu dem Philippus Melanchthon / Bleibt dieser Stadt ein Ehren-Cron«)[4].

Beide Texte belegen die außerordentliche Wertschätzung Melanchthons innerhalb und außerhalb der Stadtmauern[5].

---

4 Vgl. A. SEELIGER-ZEISS (wie Anm. 3), 151f.

5 In einem Exemplar der ersten, von seinem Freund Joachim Camerarius (1500–1574) verfaßten Biographie Melanchthons (›De Philippi Melanchthoni ortu, totius vitae curriculo et morte etc.‹ Lipsiae 1566), das in der Universitätsbibliothek Heidelberg aufbewahrt wird, sind auf dem Vorsatzblatt handschriftlich mit Tinte vier Distichen zu Ehren Melanchthons eingetragen, die angeblich auf der Außenwand des Melanchthon-Geburtshauses angebracht waren:

Aedibus his hausit lumen vitale Philippus
   Quo non ingenio cultior ullus erat.
Quo duce relligio purum caput intulit astris
   Artibus ingenuis quo duce crevit honos.
Smyrna, Rhodus, Colophon, Salamis, Chios, Argos, Athenae
   Certavere super vate Melesigene.
Tu tibi Bretta magis gaude, quod fama Philippi
   Facta sit aeternum vel sine lite tua.

(Philippus schöpfte in diesem Haus des Lebens Licht, / seinem Geist kam an Bildung keiner gleich. / Unter seiner Führung erhob die Religion das reine Haupt unter die Sterne, / unter seiner Führung wuchs den freien Künsten die Ehre. / Smyrna, Rhodos, Colophon, Salamis, Argos, Athen: / sie stritten um den Dichter Melesigenes (Homer). / Um so mehr freue du dich, Bretten, weil der Ruhm des Philippus / sogar ohne Hader auf ewig dein ist.)
Vgl. A. SEELIGER-ZEISS (wie Anm. 3), 112f.

Erinnerungsstücke und Melanchthoniana

Daß der Besucher des heutigen Bretten überall auf Erinnerungsstätten und Spuren Philipp Melanchthons stößt, dürfte kaum überraschen. Wer von Westen her die Stadt betritt, wird über die »Melanchthonstraße« (vormals »Gottesackergasse«, am 20. April 1859 auf Initiative einer Stadtratskommission umbenannt), welche die pulsierende Geschäfts- und Fußgängerzone bildet, zum Zentrum, dem Marktplatz mit Marktbrunnen, Altem Rathaus, Hotel Krone und Melanchthon-Gedächtnishaus geführt. Und wer ganz besonderes Glück hat, kann als Willkommensgruß vom Turm der Stiftskirche das »Melanchthon-Läuten« hören, das auf einen Beschluß der Ortskirchenbehörde von 1897 zurückgeht und jeweils um 12 Uhr an Melanchthons Geburts- und Sterbetag sowie am 25. Juni zur Erinnerung an die 1530 erfolgte Übergabe der ›Confessio Augustana‹ ausgeführt wird; schon 1870 wurde erstmals eine der Kirchenglocken auf seinen Namen getauft.

Im 1689 zerstörten Vorläufergebäude des Gasthofes Krone, der sich mehrfach im Besitz der Familie Melanchthons befand, übernachtete im Jahre 1550 und ein zweites Mal 1552 Kaiser Karl V., der Adressat der ›Confessio‹. Bei seinem ersten Aufenthalt führte er als Gefangenen Kurfürst Johann Friedrich von Sachsen mit sich, also den Schutzherrn der Wittenberger Universität und Brotgeber Melanchthons; 1547 war der Wortführer der protestantischen Sache bei Mühlberg an der Elbe von kaiserlichen Truppen geschlagen worden.

Begründer des Melanchthon-Gedächtnishauses in Bretten, dessen Büchersammlung nach einem Vertrag zwischen dem Melanchthonverein und dem Land Baden-Württemberg seit dem 1. Oktober 1987 von der Landesbibliothek Karlsruhe mitbetreut wird, ist der damals in Berlin lehrende Theologieprofessor Nikolaus Müller (1857–1912). Seine Befürchtung, das 400jährige Geburtsjubiläum Melanchthons könne ohne die ihm gebührende Beachtung vorübergehen, ließ den rührigen Gelehrten mit dem Plan an die Öffentlichkeit treten, in der Geburtsstadt des großen Humanisten, Pädagogen und Weggefährten Martin Luthers einen »Monumentalbau von edler Schönheit« zu errichten, »bestimmt, eine Gedächtnishalle und ein Museum aufzunehmen«[6].

Nachdem das Grundstück neben dem Rathaus, wo bis 1689 Melanchthons Geburtshaus gestanden hatte, erworben werden konnte und ein fälschlicherweise lange Zeit für das Geburtshaus gehaltenes, aber erst 1705 (16 Jahre nach dem großen Stadtbrand) an dieser Stelle von den Brüdern Alexander und Johann Philipp Würz erbautes Doppelhaus abgebrochen war, erfolgte am 16. Februar 1897, genau zum 400. Geburtstag Philipp Melanchthons, die feierliche Grundsteinlegung für die Gedächtnisstätte. Das Anwesen hatte sich zum Teil im Besitz der jüdischen Familie Levi Dreifuß befunden, die sich nur zögerlich zum Verkauf bereit fand. Eine heftige

---

6 N. MÜLLER, Festschrift zur Feier der Einweihung des Melanchthon-Gedächtnishauses zu Bretten am 19. bis 21. Oktober 1903, Bretten 1903, 36f.

Pressekampagne mit antisemitischen Untertönen – nachzulesen in den Novemberausgaben der »Brettener Sonntagszeitung« von 1895 – wirft einige Schatten auf den Vorgang, der dennoch zum Anlaß eines blühenden Devotionalienhandels und einer Festaufführung des »Melanchthon-Spiels« von Albrecht Thoma wurde, dessen szenischer Bilderbogen mit farbkräftigen Strichen wichtige Begebenheiten aus dem Leben des Reformators schildert. Nach über sechsjähriger Bauzeit konnte das Museum mit einem drei Tage währenden Fest, wie es in der Stadt »seit Menschengedenken« nicht gefeiert wurde, in wilhelminischer Gründermanier vom 19. bis 21. Oktober 1903 eingeweiht werden. »Die Stadt selbst prangte im reichen Festschmucke«, berichtet das »Brettener Wochenblatt« vom 22. Oktober, »die gesamte Einwohnerschaft, ohne Unterschied der Konfession, wetteiferte in der Ausschmückung derselben... Festlich ertönten die Klänge der vereinigten Posaunenchöre... Mittels Sonderzuges trafen am... Hauptfesttage, um 9 Uhr, Ihro Königlichen Hoheiten, der Großherzog, die Großherzogin, der Erbherzog, die Erbherzogin nebst dem Vertreter Seiner Majestät des Kaisers, General v. Lindequist, nebst Gefolge hier ein. Am Zuge wurden dieselben durch den Großherzogl. Amtsvorstand, Herrn Oberamtmann Dr. Holderer, Herrn Bürgermeister Withum als Vertreter der Stadt, Herrn Kirchenrat Specht als Vertreter des Melanchthonvereins begrüßt und nach dem Wartesaale geleitet, wo die Vorstellung des zum Empfange anwesenden Gemeinderats erfolgte. Ihren Königl. Hoheiten, der Großherzogin und der Erbherzogin, wurden durch weißgekleidete Mädchen Blumengebinde überreicht. Beim Austritt aus dem Bahnhofe wurden die hohen Herrschaften mit brausenden Hochs empfangen und fuhren unter dem Jubel der Bevölkerung durch die reichgeschmückten Straßen nach der Stiftskirche. Um halb 10 Uhr traf auch Ihre Hoheit, die Frau Erbprinzessin Marie von Anhalt, zu den Feierlichkeiten hier ein... Herr General-Superintendent, Probst Dr. Faber aus Berlin, hielt die Festpredigt... Die Illumination der Stadt und die bengalische Beleuchtung des Melanchthonhauses (am Abend) waren wohlgelungen...«

Die Fassade des im neugotischen Stil gehaltenen Melanchthon-Gedächtnishauses zeigt über dem doppelten Portal eine Galerie, auf welcher die Wappen von Bretten, Pforzheim, Heidelberg, Tübingen und Wittenberg – die Lebensstationen Philipp Melanchthons – und das pfälzische, badische, kursächsische und preußische Wappen abgebildet sind. In der rechten Portal-Lunette ist ein Mosaikbild zu sehen, welches einen Engel auf Wolken darstellt, der in seinen Händen die Wappen der Familie Schwartzerdt (Hammer und Zange) und das persönliche Wappen Melanchthons (erhöhte Schlange am Kreuz, nach IV. Mose 21, 8 f.) hält. Über den Fenstern im oberen Stockwerk leuchtet die Widmungsschrift: »Gott zu Ehren, Melanchthon zum Gedächtnis. Errichtet von der evangelischen Christenheit«. Der Spitzgiebel ist mit einem Bildnis des Welterlösers geschmückt, die mächtige Kreuzblume nochmals mit Melanchthons Wappen verbunden.

In der Gedächtniskapelle im Erdgeschoß sind eine Reihe von Historiengemälden sowie die Standbilder bedeutender Reformatoren zu betrachten, das Obergeschoß umfaßt die kostbare Schriftensammlung zur Reformationsgeschichte (etwa 8000 Nummern, darunter Handschriften, Erstdrucke und Prachtausgaben), Gemälde, numismatische Raritäten und anderes mehr. Ein bei den Abbrucharbeiten des Würzschen Anwesens zutage geförderter Türsturz wurde als Bestandteil des ursprünglichen Melanchthon-Geburtshauses identifiziert. Er trägt Reste einer Inschrift:

[...] *19.AP(RI)LIS*
[A]*NNO.156*[0]

Dieses Fragment ist in mehreren vollständigen Abschriften überliefert und war in leicht veränderter Form auch auf einem hölzernen Eckpfosten des Hauses Würz eingraviert. Beide Inschriften befinden sich im Melanchthonhaus. Eine Fassung Michael Heberers lautet:

DEI PIETATE NATVS EST IN HAC DOMO DOCTISSIMVS PHILIPPVS MELANCHTON. XVI FEBRVARIJ ANNO MCCCCLXXXXVII. OBIJT XVIIII APRILIS. A(NN)*O.MDLX.*

(»Durch Gottes Gnade wurde in diesem Hause der hochgelehrte Philipp Melanchthon am 16. Februar im Jahr 1497 geboren. Er starb am 19. April im Jahr 1560«)[7].

Wahrscheinlich wurde die Originalinschrift von Melanchthons Bruder Georg Schwartzerdt, von dem eine in Blei gefaßte Wappenscheibe ebenfalls im Museum aufbewahrt wird, aus Dankbarkeit angebracht. Die erwähnte Wappenscheibe ist ursprünglich in der evangelischen Stiftskirche bezeugt, die noch heute ein kostbares Erinnerungsstück an die Familie Philipp Melanchthons hütet, den Grabstein des Eucharius Reutter. Das Denkmal befindet sich an der den ehemaligen Chor vom Langhaus trennenden Scheidemauer in einer Nische hinter dem Altar, der Verstorbene war ein Neffe Reuchlins und ein Onkel Melanchthons.

Vor der Stiftskirche begegnet der Besucher einem ersten von mehreren Standbildern, die Stadt und Kirchengemeinde ihrem großen Sohn widmeten – ein interessantes Kapitel Brettener Melanchthon-Rezeption. Zum Reformationsjubiläum 1817 konnte nach längeren Verhandlungen zwischen Bezirksamt Bretten und dem großherzoglich-badischen Innenministerium in Karlsruhe – auch ein bombastischer Entwurf des Architekten und Oberbaudirektors Friedrich Weinbrenner (1766–1826) war im Gespräch – in der Stiftskirche ein Steindenkmal mit mehreren Inschriften erstellt werden, auf dem eine kleine Porzellanbüste ruht, das Geschenk des Pforzheimer Fabrikanten Heinrich Kiehnle. Beide Teile befinden sich jetzt im Melanchthon-Museum.

Ein weiterer Anstoß kam aus Wittenberg, wo man aus Anlaß des 300. Todestages am 19. April 1860 ein Melanchthon-Standbild als Pendant zum Luther-Denkmal

---

7 Vgl. A. SEELIGER-ZEISS (wie Anm. 3), 113.

schaffen wollte, welches der Bildhauer Gottfried Schadow (1764–1850) zwischen 1817 und 1821 errichtet hatte. Übrigens ist Luther der erste »Zivilist«, der in Deutschland mit einem Einzeldenkmal geehrt wurde vorher kam diese Auszeichnung ausschließlich Herrschern und Feldherren zu. Aus Kostengründen sollte Bretten eine dem Wittenberger Original nachgegossene Büste übernehmen. Der Brettener Kirchengemeinderat wünschte aber eine eigene *colossale Statue Melanchthons in Stein* [8]; mit einer Kopie wollte man sich keinesfalls zufrieden geben. Für das Projekt wurde der 1798 bei Colmar geborene, seit 1826 in Straßburg lebende Bildhauer Andreas Friedrich gewonnen, der seine Arbeit 1861 in Bretten ablieferte. Zwischenzeitlich war aber Einvernehmen mit Wittenberg erzielt worden, so daß das Friedrichsche Steinbild, das wohl nicht ganz nach den Wünschen der Auftraggeber ausgefallen war, wieder verkauft werden sollte – allerdings ohne Erfolg; sowohl Pforzheim als auch Heidelberg, die als Aufenthaltsorte Melanchthons angesprochen worden waren, lehnten dankend ab. Bis 1875 stand das wenig geliebte, über vier Meter hohe Monument hinter dem Altar in der Stiftskirche, später an der Ostseite des Kapellenanbaus; 1936 wurde der störende Koloß im Rahmen des Kirchenumbaus – bis dahin nutzten beide großen Konfessionen das in Chor und Schiff unterteilte Gotteshaus als »Simultaneum« – »ausgesiedelt« und an seinem jetzigen Platz, westlich vom Kirchturm, im Freien aufgestellt.

Am Sockel befindet sich die Inschrift:

> *Philipp Melanchthon*
> *geb: in Bretten den 16. Februar 1497*
> *gest. den 19. April 1560*
> *in Wittenberg*

Der lorbeerbekränzte Reformator erscheint in Frontstellung und steht auf Folianten, deren Rücken die Inschriften *Plato, Aristoteles, Grammatica Graeca* und *Loci Theologici* tragen. Die Figur hält in ihren Händen ein auf das linke Knie gestütztes aufgeschlagenes Buch; auf einer sichtbaren Seite ist das Wort *Liebet/euch unter/einander/Evg. Joh. XV.12.* angebracht. Auf einem herabhängenden Streifen ist eingraviert: *Confessio/Augustana/25. Junius/1530.* Auf der Rückseite des Sockels sind die Namen des *Errichtungs-Committees* eingemeißelt, allesamt Brettener Honoratioren, darunter Bürgermeister Groll, Dekan Sauer, Oberamtmann Flach, Stadtpfarrer Schnell, Professor Linder und Kaufmann Gillardon. Obwohl die Grundsteinlegung bereits am 19. April 1860 erfolgte – ganz Bretten war wieder einmal in Sachen Melanchthon beim Feiern –, konnte der nach dem Wittenberger Modell hergestellte mächtige Metallguß des nunmehr dritten Melanchthon-Standbildes erst am 2. August 1864 an der Weißhoferstraße (gegenüber dem heutigen

---

8 Zitiert nach N. MÜLLER (wie Anm. 6), 28.

Melanchthon-Gymnasium) seiner Bestimmung übergeben werden. Dieses Werk des preußischen Staatsbildhauers Friedrich Drake (1805–1882), der bedeutende Statuen von Goethe, Schiller, Alexander von Humboldt und anderen Geistesgrößen geschaffen hat, ist in seiner künstlerischen Qualität allerdings umstritten.

Schließlich besitzt das Melanchthonhaus ein weiteres Standbild des Reformators, das der Berliner Bildhauer Fritz Heinemann um 1914 eigens für die Skulpturensammlung der Gedächtnishalle aus südfranzösischem Marmor geformt hat. Eine vergleichende Betrachtung, die sehr reizvoll ist, hat auch zeitbedingte Vorstellungen zu berücksichtigen: Während Friedrichs Steinfigur an einen in sich gekehrten Melanchthon erinnert, eine Mischung aus »poeta laureatus« und Büchergelehrten, zeigt Drake den »Praeceptor Germaniae« in geradezu theatralisch wirkender, imperialer Pose; Heinemann wiederum betont eine gewisse Schlichtheit und asketische Strenge des Theologen.

Noch in unmittelbarer Nachbarschaft zum Marktplatz, wenige Meter von der Stiftskirche entfernt, begegnet der auf den Spuren Melanchthons wandelnde Bretten-Besucher einem weiteren Kleinod: In der 1687 von der lutherischen Gemeinde errichteten und nach der Zerstörung der Stadt wieder aufgebauten Kreuzkirche – die Hauptkirche diente damals im Einklang mit der calvinistischen Konfession des Landesherrn dem reformierten Gottesdienst – hängt über dem Mitteleingang ein wertvolles Tafelbild eines unbekannten Malers, das 1747 von Joh. Georg Springer gestiftet wurde. Der linke Teil des Triptychons zeigt Melanchthon mit seinem Wappen und eine Unterschrift mit Geburts- und Sterbedatum, der mittlere den gekreuzigten Heiland mit Magdalena unterm Kreuz, der dritte Martin Luther. Die Brettener Malerin und Restauratorin Walheide Wittmer (1894–1975) hat das Gemälde 1958 einer gründlichen Sanierung unterzogen.

Episoden und Feiern um Melanchthon

Kleine und große Feiern zu den »runden« Melanchthon-Jahrestagen, aber auch zum Gedenken an die Übergabe der ›Confessio Augustana‹, sind in Bretten mehrfach belegt. So erinnert ein Gedicht des Flehinger Biedermeierpoeten und Dorfschulmeisters Samuel Friedrich Sauter (1766–1846) in betulich-altväterlichem Ton an das Melanchthonfest des Jahres 1830:

> Melanchthonfest in Bretten
> (25. Junius 1830)
>
> Melanchthon, Luthers rechte Hand,
> Der vor dreihundert Jahren
> Den Kampf mit jenen Herrn bestand,
> Die dort in Augsburg waren;

Der Edle, der aus Bretten war,
Und trefflich hat gelehret,
Ward heut von einer großen Schar
Dahier mit Glanz geehret.

Das Fest, das ihm die Geistlichkeit
Aus Württemberg gegeben,
War ihm aus Dankbarkeit geweiht
Für sein so edles Streben.

Nun stand man vor Melanchthons Haus
Mit ehrfurchtsvollen Blicken.
Die gute Stadt ließ es voraus
Mit Blumenkränzen schmücken.

Von da ist man in langem Zug
Zum Gotteshaus gegangen,
Wo, während man die Orgel schlug,
Die Lehrer herrlich sangen.

Dann ließen zwei Dekane sich
In schönen Reden hören,
Warum wir heut so feierlich
Den Mann aus Bretten ehren.

Vom Kirchgebäude ging der Zug
Fort in die »Post« zum Mahle,
Wo Gutes man zur Tafel trug
Im großen Festtagssaale.

Jezt, als der Mund der Gäste schwieg,
Beschäftigt nur mit Zehren,
Ließ sich die wackre Stadtmusik
Im Nebensaale hören [9].

Sauter hat wohl im Lehrerchor an den Feierlichkeiten mitgewirkt; verständlicherweise begeisterten den nicht allzu verwöhnten Schulmeister auch die gebotenen leiblichen Genüsse. Bemerkenswert scheint der Hinweis, daß »die Geistlichkeit aus Württemberg« das Fest im badischen Amtsstädtchen ausrichtete; bei den genannten Dekanen dürfte es sich um Vertreter beider Landeskirchen gehandelt haben. Das Würzsche Gebäude setzt Sauter fälschlicherweise noch mit Melanchthons Geburtshaus gleich.

[9] H. KLAUSING (Hg.), Das Urbild des Biedermeier. Lieder und Gedichte des badischen Dorfschulmeisterleins Samuel Friedrich Sauter, Sinsheim 1968, 58.

Ein bizarres Licht auf das Verhältnis der Brettener Bürgerschaft zu Melanchthon wirft die Kontroverse um die Namengebung des heutigen Melanchthon-Gymnasiums, das, als höhere Bürgerschule 1832 gegründet, 1874 zur Realschule und später zur Oberrealschule aufgestockt worden war[10]. Als es 1937 darum ging, dieser Anstalt einen würdigen Namen zu geben, hielt das mit fliegenden Fahnen zum Nationalsozialismus übergelaufene Bretten an seinem bedeutenden Sohn fest und setzte die Bezeichnung »Melanchthon-Oberschule für Jungen« durch. Dies geschah gegen heftige nazistische Polemik, beispielsweise des damaligen Schulleiters Hugle, der in einem Schreiben an die zuständigen Behörden (»Ich erhebe Einspruch gegen die einseitige Aufzwingung des Namens Melanchthon«) seine Abneigung erläuterte: »Eines muß ich mit Überzeugung vertreten: auch Melanchthon muß es sich gefallen lassen, bei einem Umbruch der Geschichte und einer Umwertung alter geschichtlicher Werte mindestens nach Prüfung übernommener Beurteilungen ebenfalls vor das Objektiv nationalsozialistischer Betrachtung gestellt zu werden. Hierin kann nur lokalpatriotische Befangenheit einen Angriff auf eine Persönlichkeit wie Melanchthon erblicken... Eine Gegenwartsmeinung... arbeitet sehr energisch heraus, daß Melanchthon neben der epochemachenden Gestalt Luthers, dessen Rede ›ja, ja‹ und ›nein, nein!‹ war, der typische Kompromißmensch gewesen ist. Ohne Martin Luther, nur mit Melanchthon hätte es nie eine Reformation gegeben, nie den so notwendigen Schritt gegen die römische Überfremdung; mit Melanchthon allein wären die Gegensätze zwischen den Weltanschauungen wieder verkleistert worden... Als ausgesprochener Vertreter des Ausgleichs, der Scheu vor dem Kampf und der Angst vor der eisernen Unbeugsamkeit steht m. E. Melanchthon der nationalsoz. Gegenwart fern, am meisten aber dem nationalsoz. Charakterbild in Gegenwart und Zukunft. Luther würde bei seiner Wesenheit sozusagen heute einer der führenden Nationalsozialisten sein«[11].

Die von ihm gemeinsam mit der Lehrerschaft eingereichte Liste mit Gegenvorschlägen enthält folgende Namen: Kraichgau-Oberschule, Doktor-Faust-Oberschule, Ulrich von Hutten-Oberschule, Erwin-Bauer-Oberschule (nach einem von den Nationalsozialisten hochgehaltenen Erbforscher), Jakob-Bleyer-Oberschule (nach dem »Führer des ungarländischen Deutschtums«), Friedrich-Weinbrenner-Oberschule, Nebenius-Oberschule (nach dem badischen Staatsmann und Mitautoren der badischen Verfassung von 1818), Karl-Mathy-Oberschule (nach dem badischen Staatsmann und Mitglied des Paulskirchen-Parlaments), Adolf-Schmitthenner-Oberschule (nach dem Heidelberger Pfarrer und Heimatdichter) und Prinz-Eugen-Oberschule. In ähnliche Richtung zielte eine Aktion, von der Dr. Otto Beuttenmüller, der verdiente Familienforscher und langjährige Bibliothekar des Melanchthonhauses, berichtet: »Gegen Ende der Dreißiger Jahre kamen aus Karlsruhe

---

10 Vgl. W. MARTIN, Zur Geschichte der höheren Schule in Bretten, in: Melanchthon-Gymnasium Bretten. Festschrift zum 150jährigen Jubiläum der Schule (1832–1982), Bretten [1982], 11f.
11 Generallandesarchiv Karlsruhe, Nr. 42385.

zwei uniformierte SS-Leute zu mir, um sich durch das Melanchthonhaus führen zu lassen. Am Ende der Führung eröffneten mir die beiden Herren, das Melanchthonhaus müsse geschlossen werden, denn Philipp Melanchthon sei, wie auch Reuchlin, Judennachkomme. Ich erwiderte darauf, daß der Pfarrerssohn Horst Wessel von einer Schwester Melanchthons abstamme und dann wohl auch als Judennachkomme einzustufen sei. Wollen Sie das publik machen? Dies hatte bei den SS-Führern einen deutlichen Stimmungsumschwung zur Folge, das Melanchthon-Gedächtnishaus durfte geöffnet bleiben und wurde von den Machthabern des 3. Reiches, deren Meinung über Melanchthons Abstammung völlig aus der Luft gegriffen war, nicht mehr behelligt.«

Die Brettener Annalen vermerken noch zwei große Melanchthon-Ereignisse, einmal die Vierhundertjahrfeier zur Übergabe der ›Confessio‹ im Jahre 1930, zum anderen die ebenfalls vierhundertjährige Wiederkehr des Todestages, die 1960 mit einer großen Gedenkausstellung und einer von Dekan Georg Urban herausgegebenen, umfangreichen Festschrift »Philipp Melanchthon 1497–1560« begangen wurde. Aus diesem Anlaß waren auch Ministerpräsident Kurt Georg Kiesinger und zahlreiche Ehrengäste aus Politik, Kirche und Geistesleben in der Melanchthonstadt.

Am 15. Dezember 1986 beschloß der Gemeinderat, »im Bewußtsein der Verantwortung für das geistige Erbe ihres großen Sohnes« einen mit 15 000 DM dotierten »Melanchthonpreis« zu stiften, der, beginnend mit 1988, alle drei Jahre für eine Publikation, die Leben und Werk des Reformators und großen Humanisten würdigt, verliehen werden soll: ein starker Impuls für die künftige Melanchthonforschung. Der erste Preisträger, Professor Siegfried Wiedenhofer aus Frankfurt, hat sich als katholischer Theologe einen Namen gemacht – gewiß eine Wahl im Sinne des auf Versöhnung angelegten Lebens Philipp Melanchthons.

Peter Neumayer, Melanchthon-Gymnasium Bretten

Melanchthon im Wandel der Zeiten
Zu einer Ausstellung von Schülerarbeiten des Melanchthon-Gymnasiums, Bretten

Philipp Melanchthon – allein schon der Name verpflichtet unser Gymnasium dazu, einen Beitrag zur Kulturwoche zu leisten. Und das aus zwei Gründen. Zum einen: Wenn irgendeine Institution in Bretten gefordert ist, etwas zum Thema anzubieten, dann ist es die Schule, die den Namen dieses bedeutenden Reformators, der ja nicht grundlos »Lehrer Deutschlands« genannt wurde, trägt. Zum andern ermöglicht gerade die Einbeziehung von Kindern beziehungsweise Jugendlichen in Form einer Ausstellung schon einen Blick in die Zukunft: Hier haben wir quasi unser Ohr am »Puls der neuen Zeit«, in einer zum Teil sehr persönlichen Auseinandersetzung der heranwachsenden nachfolgenden Generation mit Melanchthon und seiner Zeit.

In der Mittel- und Oberstufe ermöglicht der Lehrplan auch ein von den künstlerischen Techniken her gesehen zeitbezogenes Arbeiten: Vor allem der Bereich Graphik/Druckgraphik bietet hier viele Möglichkeiten. Was wäre die Reformation ohne die Möglichkeit der Massenreproduktion gewesen? Die verstärkte Verbreitung und technische Verfeinerung der druckgraphischen Techniken im Zeitalter der Hochrenaissance liefert einen wichtigen kunsthistorischen Bezug für die Kaltnadelradierungen der Schüler. Bei dieser Tiefdrucktechnik ritzten die Schüler ihre eigenen Entwürfe mit einer Stahlnadel in die Druckplatten aus Zink oder Kunststoff. Danach standen sie selbst an der Radierpresse, um ihre Platten zu drucken.

Die starke Hinwendung zur Wirklichkeit im 15. und 16. Jahrhundert brachte auch eine erhebliche Differenzierung der graphischen Gestaltungsmittel mit sich. Diese differenziert gehandhabten Linien und Schraffuren kommen in den Arbeiten mit den Dürerzitaten recht gut zur Geltung. Dabei wurden fotokopierte Teile von Drucken aus der Dürerzeit im Stile dieser Zeit mit Tusche ergänzt. Technisch ähnlich, also als Tuschezeichnung mit Collage, sind die »Arbeiten zu Melanchthon heute«. Hier findet jedoch eine stärker inhaltliche Auseinandersetzung mit dem Thema statt. Die Bezüge sind dabei erheblich aktueller: Melanchthon blickt auf seine Vaterstadt heute, Melanchthon und die modernen Massenmedien des 20. Jahrhunderts oder Melanchthon als »Superstar« bei einem Brettener Marktplatzfestival.

»Denk' mal nach übers Denkmal!« Diese Aufforderung ergeht durch die Beiträge der Jugendlichen an uns Erwachsene, nachzudenken über unser Melanchthon-Bild: Ein schon etwas vergessener, frommer, älterer Herr? Jemand, der einfach zur Melanchthonstadt Bretten gehört? Oder eine Persönlichkeit, die gerade heute uns ins

Gedächtnis gerufen werden müßte und deren Bedeutung differenzierter erarbeitet werden sollte?

In diesem Sinne wollten die Arbeiten der Schüler des Melanchthon-Gymnasiums auf die kommende Festwoche einstimmen. Sie sollen dazu anregen, über eine rein wissenschaftliche Sicht hinaus den berühmten Sohn unserer Stadt auch mit unserer Zeit zu konfrontieren. Sie wollen Fragen stellen, auch kritische Bemerkungen machen, aber vor allem dem Betrachter Freude bereiten.

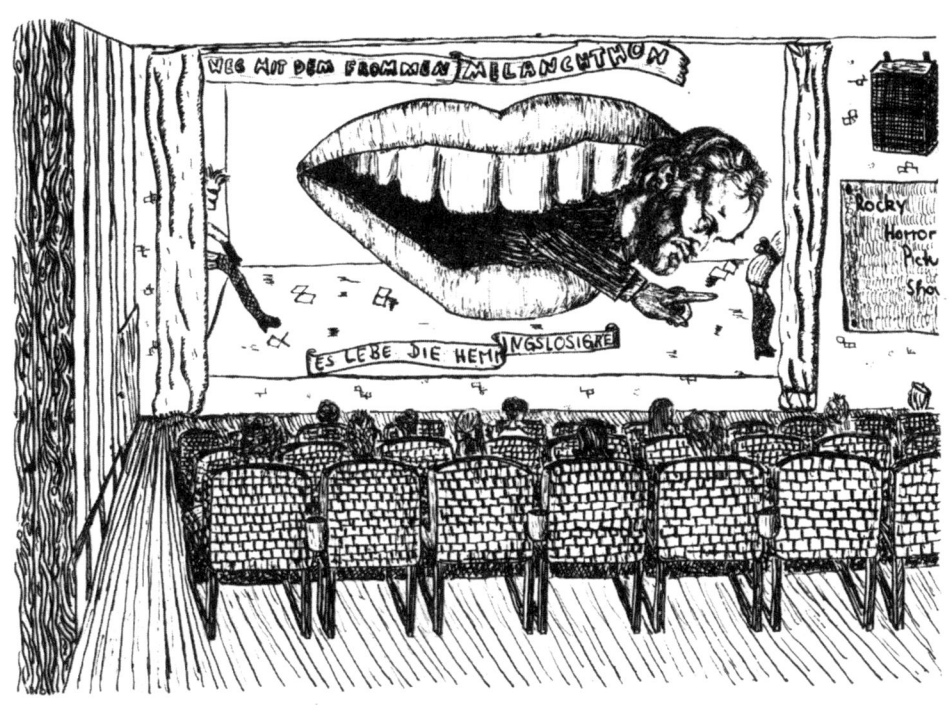

Musik aus
der Renaissance auf dem
Brettener Marktplatz:
die Gruppe Humpenflug

Szene
aus dem Theaterstück
»Philipp Melanchthon –
Praeceptor Germaniae«